北京市社会科学基金决策咨询项目
项目名称：促进北京市数字消费发展的对策研究
项目编号：22JCC077

北京市数字消费发展的对策研究

陶晓波 著

燕山大学出版社
·秦皇岛·

图书在版编目（CIP）数据

北京市数字消费发展的对策研究 / 陶晓波著.
秦皇岛 ： 燕山大学出版社， 2024. 10. -- ISBN 978-7
-5761-0689-3

Ⅰ. F727. 1-39

中国国家版本馆 CIP 数据核字第 20249XD890 号

北京市数字消费发展的对策研究

BEIJING SHI SHUZI XIAOFEI FAZHAN DE DUICE YANJIU

陶晓波 著

出 版 人：陈　玉
责任编辑：张文婷　　**责任印制：**吴　波
出版发行：燕山大学出版社　　**电　　话：**0335-8387555
地　　址：河北省秦皇岛市河北大街西段 438 号　　**邮政编码：**066004
印　　刷：廊坊市印艺阁数字科技有限公司　　**经　　销：**全国新华书店

开　　本：710 mm×1000 mm　1/16　　**印　　张：**9
版　　次：2024 年 10 月第 1 版　　**印　　次：**2024 年 10 月第 1 次印刷
书　　号：ISBN 978-7-5761-0689-3　　**字　　数：**110 千字
定　　价：65.00 元

成果提要

数字消费是新质生产力在首都消费领域的重要体现。2023年，北京市实现网上零售额5 485亿元，占社会消费品零售总额的40%，比全国平均水平高出10个百分点。累计成功培育了300多个新型数字消费品牌，并不断促进老字号焕发新活力。此外，还举办了商、文、旅、体的数字消费活动达3 000余场次。然而，尽管数字消费已经崭露头角，北京市数字消费发展仍然面临着几方面的突出问题：一是数字消费基础设施建设存在区域间不均衡，未能充分发挥对京津冀地区的整体辐射效应；二是数字消费场景的创新构建不足，对消费者的拉动作用有待提升；三是数字消费供给侧改革存在困难，“内容为王”的原则在北京市数字消费发展中体现不够充分；四是数字消费整体生态系统尚未构建完成，体系内协同效能有待加强；五是数字消费标杆企业培育不够，现有标杆企业影响力与首都形象地位不完全匹配；六是数字消费环境仍需进一步规范，营商环境亟待完善。

为解决上述问题，提出如下对策建议：

一是加速布局高能级的数字消费新基建。加快推进千兆固网和5G

网络建设，持续开展光线路终端（Optical Line Terminal，OLT）上联组网优化，以及对老旧小区、工业园区、商业设施的网络改造升级。积极推动下一代通信网络在重点商圈的全面覆盖，加速实现双千兆引领，致力于打造国际通信枢纽。这将为数字消费领域的技术研发创新、场景建设提供共性支撑服务和计算能力，为首都及京津冀地区的经济社会可持续创新发展注入全新动能与活力。

二是积极构建高层次的数字消费新场景。首先，全力打造高端综合载体，积极推动数字化技术赋能传统购物中心和商业综合体的改造升级；其次，加速体验式消费场景的应用，优化布局无人零售、智慧零售等新零售技术与传统零售业的融合示范，试点建设“智慧商店”“智慧街区”“智慧商圈”；再次，推动多元化消费场景的拓展，建设首都 5G+8K 直播生态，树立首都消费国际品牌的传播营销代表；最后，构建链条式消费场景体系，加速布局智能制造、反向定制、数字零售、云演出等数字经济新模式，加快形成首都示范品牌。

三是丰富高品质的数字消费新供给。首先，加大智能终端产品的供给力度，大力支持智能网联汽车、移动智能终端、可穿戴设备等新型产品研发应用，打造世界创新数字消费产品首发地；其次，提升信息内容消费供给能力，促进新兴文化业态发展，鼓励游戏引擎等核心技术的自主研发；再次，优化数字生活消费供给体系，积极推动重点景区、开放街区和商业综合体等区域的数字化、智能化改造升级；最后，聚焦制造业数字化转型需求，建设 1—2 个具有国际领先水平的综合型工业互联网平台和 20 个具有全国影响力的专业型、特色型工业互联网平台，打造“文化 + 科技”深度融合的消费新地标。

四是优化高效能的数字消费新生态。加速新兴业态的集聚发展，借助线上线下多渠道宣传首都数字经济产业特色，普及数字消费理念，促进数字技术与传统消费的深度融合，拓展数字消费市场。推进数字人民币在本市交通出行、餐饮住宿、购物消费、旅游观光、医疗卫生、通信服务、票务娱乐七大类场景中的应用推广，以创新便捷的支付方式为传统商业赋能，加快培育形成数字消费产业新生态。

五是瞄准一流，培育数字消费标杆企业。鼓励数字消费领域现有总部企业做大做强，支持企业加大关键核心技术的研发力度，立足自身优势，瞄准世界一流，取得更多颠覆性创新成果，发挥支撑和引领作用，发展一批处于全球领先地位的数字消费总部企业。同时，做好专精特新“小巨人”的申报和服务，提升中小企业直接融资能力，帮助企业做大做强。重点支持一批创新能力强、市场前景好、发展潜力大的企业在多层次资本市场上市或挂牌。

六是规范数字消费环境。一方面，鼓励各类社会投资主体积极投资数字产品研发，出台“前端放开、后端管住”的先行先试创新政策，进一步放宽市场准入，建立重点项目管家服务机制，优化数字经济领域的营商环境；另一方面，围绕国家大数据建设战略，进一步推进数字政府建设和数字化社会信用体系建设，着力提升政务大数据应用水平，利用数字经济平台的信用信息补充和完善社会征信数据体系。

目 录
Contents

第一章　数字消费的内涵界定

第一节　研究背景

当前，数字经济已经成为促进全球经济发展的关键力量，它为区域经济突破地理环境限制、培育新动能、实现弯道超车提供了新的突破口和重要途径。

党的十八大以来，习近平总书记多次就数字经济发表了一系列重要讲话，要求促进数字技术与实体经济深度融合，赋能传统产业转型升级，催生新产业新业态新模式，不断做强做优做大我国数字经济。中国共产党第十九届中央委员会第六次全体会议审议通过的《中共中央关于党的百年奋斗重大成就和历史经验的决议》明确提出“壮大实体经济，发展数字经济”。为着力推动北京市数字经济全产业链开放发展，充分释放数据要素价值，激发数字经济活力，构建数据驱动未来产业发展的数字经济新体系，加快建设全球数字经济标杆城市，北京市经济和信息化局于 2022 年 5 月印发了《北京市数字经济全产业链开放发展行动方案》，要求“坚持‘五子’联动融入新发展格局……不断做强做优做大数字经济产业，构建规范、健康、可持续的数字经济生态，打造数字经济发展的‘北京标杆’”。

数字消费是推动北京市数字经济发展的关键动力，也是促进市场需求加快恢复、持续扩大的重要力量。近年来，以网络购物、网络直播、数字文化、在线医疗等为代表的新业态、新模式迅猛发展，这些都深刻地改变着北京居民的消费习惯，推动着北京向国际消费中心城市迈进的步伐。在此背景下，如何更好地促进北京市数字消费的发展，成为一个值得深入研究的课题。

第二节　数字消费的内涵界定及包含要素

2013 年 7 月，国务院印发的《国务院关于促进信息消费扩大内需的若干意见》，首次对信息消费工作进行了部署，工业和信息化部同年批复了多个市（县、区）为信息消费试点城市。此后，信息消费连续四年被写入国务院政府工作报告。由此，我国数字消费雏形显现。

2023 年 7 月，国务院转发国家发展和改革委员会《关于恢复和扩大消费的措施》，强调壮大数字消费，以数字消费拉动我国经济增长的重要性与战略紧迫性日益凸显。然而，目前学术界对数字消费尚未形成权威性的概念界定，不同的学者对其内涵的阐述各有不同。朱岩（2019）认为数字消费具有四大特点，即数据性、持续性、联网性以及社群性；杨巨和彭浩（2022）从“消费存量”和“消费流量”两个角度考察了数字消费，认为数字消费主要涉及数字产业化，并总结数字消费是指数字产品消费，其中数字产品是指与信息通信产业直接关联的手机等通信设备；陈鹏和龙玥儿（2023）在考察数字消费异化过程中，初步将数字消费理解为“数字工具 + 消费行为”的模式；李梁栋和刘璇（2024）与陈鹏和龙玥儿的观点相似，他们指出可以从购买支付、交易平台（即现代化的消费技术方式）和产消融合三个角度展开论述中国情境下的数字消费；赖立和谭培文（2023）认为数字消费由数字消费主体、数字社会关系以及数字消费对象所构成，其中，数字消费主体和客体均具有双重身份，即兼具数字与现实双重身份的主体以及包括数字商品和数字化商品的客体。在以上观点的基础上，毛中根和贾宇云（2024）认为数字消费包括数字新兴产品消费和传统产品线上消费，且其在消费主体、消费客体和消费环境中都呈现出显著的新特征。其特征包括消费主体的主导性、群体化以及不确定性凸显；消费客体的品种更加丰富且品质提高、价格下降；消费环境表现为对自然环境的损耗降低以及传统消费地域限制的打破。如表 1 所示。

表 1　数字消费的内涵界定及包含要素

现有研究	内涵	包含要素				
		商品数字内涵	数字技术	消费主体	消费客体	消费环境
朱岩（2019）	消费市场针对商品的数字内涵而发生的消费	√			√	√
杨巨和彭浩（2022）	在“消费存量”和“消费流量”视角下，与信息通信产业直接关联的手机等通信设备、现代数字产品的消费，此处的数字消费主要涉及数字产业化	√			√	
陈鹏和龙玥儿（2023）	数字技术与消费行为耦合，即个体通过数字技术和互联网等工具进行消费活动		√	√	√	

（续表）

现有研究	内涵	包含要素				
		商品数字内涵	数字技术	消费主体	消费客体	消费环境
李梁栋和刘璇（2024）	在数字技术的条件下，消费技术方式的现代化、机械化，表现为消费方式的数字化		√			√
赖立和谭培文（2023）	消费主体为满足自身物质和精神需要，借助数字技术在数字空间中进行的一系列消费活动，是一种对数字生产关系下人与人关系新变化的反映		√	√	√	√
毛中根和贾宇云（2024）	在数字经济背景下，以数字技术为核心载体的消费现象，包括数字新兴产品消费和传统产品线上消费等，并在消费主体、消费客体和消费环境都呈现出显著的新特征		√	√	√	√

从表1可以看出，对于数字消费的定义，学术界尚未统一。但总的来说，数字消费包含了四个要素，即数字技术、消费主体、消费客体和消费行为。

本书综合已有文献，对数字消费的概念以及四个要素进行概括性定义。数字消费是指在数字技术条件下，新型消费主体与客体之间进行的新型消费行为。其中，数字技术是指数字消费以数字技术为工具，即消费技术方式的现代化，从而使得消费环境具有自然环境损耗降低和传统消费地域限制被打破的双重特点。消费主体区别于传统消费主体具有双重身份，即数字和现实相结合的双重身份。这就要求消费主体能够快速、随时转换身份，从而充分适应数字化生存的社会环境。消费客体在数字消费的影响下，将原来的不可贸易品转化为可贸易品，使得消费主体以数字身份在数字空间内可以购买到满足主体需要的物质和精神商品，包含数字商品和数字化商品。前者是指产生于数字领域内完全由数字技术支撑构成的商品，如统计数据、社交软件、网络游戏、短视频等；后者则是指原本不属于数字领域的商品在数字技术的支持下，被转化为数字形式的商品，如网购商品、线上会议、数字图书等。消费行为指消费主体与消费客体之间交互的行为过程。这包括购买、使用、评估和反馈等活动。在数字化时代，消费行为受到技术、社交媒体和个性化推荐等因素的影响，表现出更加多元化和个性化的特征。

第三节　数字消费的特征

学术界对传统消费转向数字消费的趋势已经基本达成一致，并对数字消费的特征进行了深入研究，认为其特征主要包含三个方面：一般特征、行为特征和异化特征，如表 2 所示。

表 2　数字消费的特征研究

特征	现有研究	主要观点
一般特征	杜丹清（2017）	消费对象升级、消费方式换代、消费制度与观念转变
	张峰和刘璐璐（2020）	线上消费方式、物质性消费与非物质性消费并重的消费内容、多元化消费模式
	韩文龙（2020）	内容多元化、虚拟化和个性化，消费模式的网络化和平台化
	祝合良等（2023）	消费方式数据化、消费内容丰富化、消费模式多样化
行为特征	马香品（2020）	个性化、特色化的消费行为，消费主体主导性凸显，边际成本递减效应
	马玥（2021）	线上线下融合消费、中老年消费群体规模扩大、消费市场城乡差距逐渐缩小
	朱迪（2022）	新兴中等收入群体全方位参与拥抱数字消费行为，摆脱了技术的“规训”
异化特征	孙伟平（2022）	消费者自我“符号化”、消费同质化、消费者的自主性削弱、虚拟交往
	陈鹏和龙玥儿（2023）	消费资本化、人机捆绑式消费、炫耀消费、冲动消费
	谭静和刘文钦（2023）	消费主体奴役化、消费活动剥削化、消费商品数据流量化、消费体验荒芜化
	杨嵘均和顾佳圆（2022）	消费者自我“符号化”、强迫性消费、资本符号拜物教的盛行

对于数字消费的一般特征，杜丹清（2017）考察了互联网助力消费升级的关系机理，从社会生产和消费的全过程角度，论述了互联网助力下消费升级所包含的三个层次，并认为这三个层次与著名的马斯洛需求理论不谋而合。张峰和刘璐璐（2020）则将数字消费与传统消费进行比较研究，提出传统消费正在从形式、内容、模式和思维等方面进行数字化转型，数字消费将突破传统消费的单一性、滞后性和时空限制性；在此研究基础上，韩文龙（2020）指出数字技术的出现使得传统消费向数字消费转变，实现了传统消费内容的多元化、虚拟化和个性化，同时也实现了消费模式的网络化和平台化。祝合良（2023）等对数字消费的一般特征进行了更具体的归纳，即消费方式数据化、消费内容丰富化和消费模式多样化，并从内在推力和外在拉力两个层面总结了数字消费的影响因素。

学术界对数字消费行为特征的研究以实证分析为主，并多以不同的数字消费群体作为研究对象。马香品（2020）从整体上对网络消费行为的一般特征进行了探索，认为数字经济时代的数字消费行为将呈现个性化、特色化且主导性加强，边际成本递减效应明显以及消费品质迭代升级的特征。面对不同的数字消费群体，其消费行为通常呈现出不同的特征。马玥（2021）提出，在数字经济影响下，数字消费的具体表现为线上线下融合消费、新消费模式快速增长（如直播带货等）、中老年消费群体规模扩大以及消费市场城乡差距逐渐缩小。朱迪（2022）将新兴中等收入群体的数字消费行为作为研究对象，发现这一群体既对数字消费的广泛应用持积极接纳态度，同时也保持着对数字消费的风险和后果的清醒认识与能动反思。

以马克思主义批判理论作为重要理论依据，学术界对数字消费异化特征进行了研究。孙伟平（2022）从数字消费异化产生的原因出发，分析了数字消费异化中人的真实需要被遮蔽、数字消费活动本身的异化、消费者自主性的削弱以及人与人交往关系的异化等表现形式。陈鹏和龙玥儿（2023）从数字消费异化的本质出发，总结出数字消费异化的三种表现：一是智能物联为特性的数字媒介刺激下人们不再满足于“我现有的”，而垂涎于“别人有的”，从而导致消费资本化；二是消费以数字为中介而得以完成，人机捆绑程度大大加深；三是“网络直播＋电商购物”的消费形式使得数字消费可视化，从而加剧了炫耀消费和冲动消费。谭静和刘文钦（2023）从数字消费异化的背景出发，总结出数字消费主体奴役化、数字消费活动剥削化、数字商品数据流量化，以及数字消费体验荒芜化等异化特征。杨嵘均和顾佳圆（2022）则基于网络符号消费主义批判的视角，分析了人在网络空间中“符号化自我”的异化处境。

第二章　数字消费相关概念辨析

第一节　网络消费的内涵与要素

在学术领域，网络消费作为当前的研究热点已积累了丰富的文献资料。然而，这些研究主要聚焦于网络消费特征的分析、影响因素的探讨以及网络消费者行为的研究等方面。相较而言，对网络消费这一核心概念的深入剖析和明确界定尚显不足。学术界对于网络消费的概念尚未形成准确且全面的表述。

国外学者率先对网络消费进行了研究。作为互联网技术的衍生消费形态，国外对网络消费的概念研究仍有不足。目前，多数国外学者聚焦于网络消费的具体现象、多元影响因素、消费行为的动态过程以及形成机制。Aba J. 等（1997）将网络消费定义为消费者通过互联网平台与零售商进行双向沟通和信息交换，以文字、图像等形式进行的交互式家庭购物活动。相较而言，国内对网络消费的研究起步较晚，但从 2000 年开始，国内的研究显著加速，进入了快速发展的新时期。吴德强（2008）对网络消费给出了简明的定义，认为网络消费主要是精神产品消费以及互联网物质产品的互动。吴满意和谢海蓉（2000）强调信息是核心，认为网络消费是消费者为了满足自身的需求，在互联网上的市空（marketspace）中消费各种信息产品的经济行为。何明升和李一军（2003）提出网络消费是动态的，将网络消费定义为人们以互联网为工具实现自身需求的动态过程。这个定义在中国网络消费研究领域较为通行。

表 3　国内对网络消费的核心含义的研究

现有研究	核心含义	包含要素			
		互联网技术	消费主体	消费客体	消费过程
吴德强（2008）	互联网为技术条件，网络消费的对象包括物质产品和精神产品，网络消费是一个互动的过程	√		√	√
吴满意和谢海蓉（2000）	网络消费是一种经济行为，网络消费中满足消费者自身需要的目的十分明确，网络消费的核心是信息		√		
何明升和李一军（2003）	借助互联网得以实现，网络消费以满足消费者自身需求为目的，网络消费是一个动态过程	√	√		√

根据现有研究，本书给出的概念以及概念包含的核心含义（如表 3 所示），可以归纳出网络消费这个概念包含的要素：互联网技术、消费者自身需求、消费客体和消费过程。

通过对已有文献的解读，可以对网络消费的四要素进行概括性定义。互联网技术是指以计算机技术、网络技术为核心的信息技术。消费主体是进行消费的个人或群体。消费客体是指在电子商务（Electronic Commerce，EC）背景下消费者进行消费的直接产品，包括物质产品和精神产品。动态过程是指消费品的长期使用过程，这个过程描述的是消费者在购买消费品后，并非立即或短时间内将其消耗完毕，而是在一个相对较长的时间段内持续使用这些消费品，使消费成为一个具有历时性的动态过程。

第二节　信息消费的内涵与要素

信息消费作为信息学与消费经济学的交叉学科，有着悠久的发展历程。其概念在近代由郑英隆（1994）进行了归纳整理。他认为信息消费指的是消费者对信息消费品内容的吸收与应用，并通过一系列转换加工，形成行动方案或思想决策的过程。同时郑英隆强调，要理解信息消费首先要清楚信息消费的产品是人类脑力劳动的结果，通常借助于一定的物质载体（如文字等）体现出来，为消费者感知、理解或思考。在现实生活中,信息消费通常以三种形态出现：一是以消息见闻、情报资料及广告等形态出现；二是以论文、专著等学术形态出现的知识产品；三是以影视作品等文化艺术形态出现的情趣类信息产品，人们对它的消费，既是工作—生活环境中的情趣转换，也是一种文化娱乐现象。陈建龙（1996）则认为信息消费不仅包括对信息内容的吸收和利用，还包括信息与需求进行匹配的过程，信息消费是使用信息资料满足生产和生活需求的过程。贺修铭（1996）则从信息生产和交流过程的角度进一步将其完善，认为信息消费是社会信息生产和交流过程的延续，是信息消费者获取信息、认知信息内容和再生信息等基本环节所构成的社会活动。

当前，国家层面采用的信息消费的定义是“直接或间接以信息产品和信息服务为消费对象的消费活动”。卢小宾（2002）认为，信息消费实质上是信息化的消费主体通过对信息化产品的消费而不断信息化的过程，是获取信息和使用信息的过程。信息消费是人们使用信息资料满足生产和生活需要的过程。信息的有用性及其成为商品时所具有的价值和使用价值，是信息消费的理论依据。在此基础上，矫立军（2020）认为信息消费具有经济效益、社会效益和文化效益，有近期直接效益、近期间接效益、远期直接效益和远期间接效益四种经济效益类型，是消费对象通过直接或间接的信息产品达成销售的活动，是增长最快、创新最活跃、辐射最广的消费领域。

表 4　信息消费核心含义

现有研究	核心含义	包含要素		
		信息消费主体	信息消费产品	信息消费过程
郑英隆（1994）	消费者对信息消费品的内容吸收和使用	√	√	√
陈建龙（1996）	使用信息资料满足生产和生活需要的过程	√	√	√
贺修铭（1996）	社会信息生产和交流过程的延续		√	√
卢小宾（2002）	获取信息和使用信息的过程	√	√	√

根据现有研究给出的概念以及概念包含的核心含义（如表 4 所示），本书可以归纳出信息消费这个概念包含的要素：信息消费主体、信息

消费产品、信息消费过程。

结合已有文献，我们将信息消费的三要素概括为信息消费者通过对信息消费品进行内容吸收、使用和转换等若干信息消费过程，形成行动方案决策或思想决策。这个过程不仅包含对信息的学习，还包含信息与需求的匹配，是一个再学习的过程。

第三节　数字消费与网络消费、信息消费概念辨析

一、数字消费与网络消费

结合数字消费和网络消费的概念及要素（如表 5 所示），二者的区别有以下几个方面：从技术背景来看，数字消费是以互联网、大数据、云计算、区块链、人工智能等数字技术为基础的消费形态，而网络消费是以互联网技术为基础的消费形态；从消费环境来看，数字消费是在数字空间进行的，它依赖于数字基础设施、技术应用和数字平台的发展，而网络消费则更侧重于通过互联网渠道完成，更注重在线交易和电子商务；从消费客体来看，数字消费的客体是数字和数字化的产品和服务，更加侧重于全链路服务能力和多维度的线上与线下融合，而网络消费的客体主要通过网络平台提供的商品和服务。

表 5 数字消费、网络消费、信息消费概念辨析

			数字消费	网络消费	信息消费
要素	数字背景	数字技术	√		√
		数字空间	√		
	互联网背景	互联网技术		√	√
		互联网渠道		√	√
	消费主体		√	√	
	消费客体	数字商品和数字化商品	√		√
		网络平台提供的产品和服务		√	√
	消费过程		√	√	√

二、数字消费与信息消费

数字消费是现代社会以数字技术为工具，即消费技术方式的现代化。而信息消费在数字技术发明以前就有很长的发展史，比如古代利用自然的感知类信息和朴素的情感类信息进行信息消费，而现代则借助报纸、邮电、教育等物质载体和物质活动进行信息消费。

信息消费与一般的消费类别不同，信息消费对经济的影响具有全面性、革命性的特征。从信息的一般定义来看，它是比数据更高一层的概念，但低于知识。信息赋予原始数据以意义，使其对人有用，通

过创造、评估和使用信息，可以获得知识。

数字消费和信息消费的对象不同，数字消费的对象主要是数字商品和数字化商品。而信息消费的对象包括信息商品自身的直接交易（如信息软、硬件产品，专业信息咨询和中介服务的购买，以及各类知识产权的交易），还包括利用信息来开展各类商务和非商务活动的行为（如各类社交媒体、电子商务或电子政务所提供的信息服务）。二者消费的渠道也不一样，信息消费渠道不仅包括网络层面，还包括各类社交媒体、电子商务或电子政务所提供的信息服务；而数字消费是个体通过数字技术和互联网等工具进行消费活动，且“数字”主要以“工具”“技术”的身份作用于消费活动。除此之外，二者的消费目的也不同，信息消费侧重于消费者对信息的应用，现有存量信息资源的优化配置和盘活（郑英隆，1994；卢小宾，2002；赵付春，2014）。数字消费则是为满足消费者自身物质和精神需要（赖立和谭培文，2023）。

信息消费的主体是信息的所有者和使用者，是为了获取信息、使用信息的消费者。数字消费的主体是指通过交换获得并使用产品或服务以满足需求的个人或组织（赖立和谭培文，2023），两者的消费动机以及能力需求不同。

第三章　数字消费的测量

第一节　数字消费的现有测量

数字消费的测量主要分为问卷调查部分和二手数据指标。郭峰等人（2020）使用数字支付的使用深度和数字支付覆盖广度分别测量消费内容数字化和消费方式数字化的普及程度。杨巨和彭浩（2022）的研究将移动电话普及率、互联网宽带普及率、移动电话通话时长、移动互联网接入流量等指标用于表征数字消费，其中移动电话普及率、互联网宽带普及率等指标是从“消费存量”的角度考察数字消费，而移动电话通话时长、移动互联网接入流量等指标是从“消费流量”的角度考察数字消费。在此基础上，申俊喜和谢嘉欢（2024）构建基准回归模型来检验数字消费对新一代信息技术产业全要素生产率的直接作用机制，选取消费内容数字化水平、消费方式数字化水平两个维度分解数字消费水平指数，构建了如表 6 所示的省级数字消费水平衡量指标体系，并选用熵值法测度各省数字消费发展水平及两个子维度的发展水平。茹慧超和邓峰（2023）的研究借助国家信息消费政策作为数字消费水平的衡量依据，选取国家信息消费试点政策的虚拟变量作为核心解释变量，若城市 i 在 t 年被纳入国家信息消费试点城市，则当年及以后取值为 1，反之为 0。朱迪（2022）的研究以新兴中等收入群体为研究对象，通过田野调查，对北京、上海两地的中等收入群体进行半结构式个案深度访谈，考察该群体在新型数字消费方面的特征，将网络消费积极性、数字消费能动性、路径依赖反思性和行动策略作为测量评价指标。祝合良等（2023）的研究将数字化消费作为研究对象，对具有不同特质的消费者发放电子问卷进行抽样问卷调查，采集的数据包括数字化消费普及、数字技术赋能、基础保障和数字消费治理四个测量维度。

表 6　数字消费水平衡量指标体系

衡量维度	指标层	指标解释	指标属性
消费内容数字化水平	软件消费水平	软件业务总量 / 地区生产总值	正向
	通讯消费水平	电信业务总量 / 地区生产总值	正向
	信息消费水平	人均教育娱乐文化支出	正向
	数字支付使用深度	北京大学数字普惠金融指数二级指数，包含对货币基金、信贷、保险等业务的衡量	正向
消费方式数字化水平	网络消费水平	网络零售额 / 社会消费品零售总额	
	物流发展水平	电子商务销售额 / 地区生产总值（亿元）、正向快递业务收入 / 人口数	正向
	数字支付覆盖广度	北京大学数字普惠金融指数二级指数，包含对支付宝账户注册数等的衡量	正向

第二节　数字消费测量的现有观点

随着数字经济的快速发展，如何科学且全面地进行数字消费测量成为学术界与产业界关注的焦点。数字消费测量不仅涉及消费者行为的量化分析，还需要对技术普及、政策影响及消费内容和方式的数字化水平等诸多因素进行考量。以下将从六个方面深入讨论现有数字消费测量的观点。

一、数字支付的使用深度和数字支付覆盖广度

数字支付的使用深度可以通过实际使用互联网支付服务的情况来衡量，这包括支付业务的种类、实际使用人数、人均交易笔数和人均交易金额等。而数字支付的覆盖广度则主要通过电子账户数（如互联网支付账号及其绑定的银行账户数）等来体现。这两个指标直接反映了数字支付的普及程度和用户的活跃程度，是评估数字消费的重要维度。它们能够直观地展示数字支付在消费者中的接受程度和使用频率，从而推断出数字消费的水平。

二、移动电话普及率、互联网宽带普及率、移动电话通话时长、移动互联网接入流量

移动电话普及率、互联网宽带普及率、移动电话通话时长、移动互联网接入流量，这四个指标通常用来衡量数字化社会的发展水平，但不能直接用来测量数字消费的情况。它们更多地反映了数字技术的普及程度和人们对数字通信和信息获取的接受程度。数字消费的实际情况与数字技术的使用情况有关，但并不仅限于此。数字消费包括人们使用数字技术购买商品和服务的行为，涵盖了从在线购物到数字娱乐等各个方面。因此，我认为这四个指标更多反映消费者的通信和网络使用情况，而非数字消费的具体行为。

三、国家信息消费政策

这个指标虽然对数字消费有重要影响，但它更多的是外部因素而非直接测量指标。政策的好坏、实施力度等都会影响数字消费的发展，但难以直接量化评估。

四、消费内容数字化水平、消费方式数字化水平

消费内容数字化水平包括软件消费水平、通讯消费水平、信息消费水平、数字支付使用深度。而消费方式数字化水平包括网络消费水平、物流发展水平、数字支付覆盖广度。通过消费内容数字化水平和消费方式数字化水平这两个指标，可以较为全面地了解消费者在数字消费领域的行为和习惯，以及数字消费在内容和方式上的发展趋势。因此，它们可以作为衡量数字消费水平的指标。

五、数字化消费普及、数字技术赋能、基础保障和数字消费治理

数字技术赋能，体现在从消费者视角下数字化消费过程中提供智能化供给服务的质量和效率；商业模式创新，体现在数字化消费的成本节约效应、规模经济效应、效率提升效应等方面；基础保障支撑，体现在从消费者视角下的网络基础设施保障与物流基础设施保障；数字消费治理，包括对数据确权、数据流动开放、平台规制等多方面的治理。对于消费者来说，主要是大数据分析对消费过程的影响，体现在消费需求精准匹配情况、商家恶意利用大数据分析结果的价格歧视行为以及消费者对于大数据分析的态度等。这四个方面共同构成了数字消费的测量体系，

从普及程度、技术应用、基础保障和治理环境等多个角度全面评估数字消费的发展状况。因此我认为用它们来测量是合理的。

六、网络消费积极性、数字消费能动性、路径依赖反思性和行动策略

这几个指标虽然与数字消费的行为和心理紧密相关，但它们更多的是描述消费者在数字消费过程中的心理态度和行为倾向，而非直接测量数字消费本身（如表 7 所示）。然而，它们可以作为评估数字消费深层次特征的指标，因为它们能够反映消费者对数字消费的认知、态度和行为模式。朱迪（2022）通过访谈的形式进行调查评估，认为这几个指标可以帮助人们深入了解消费者在数字消费过程中的心态和行为过程，具有一定的合理性。

表 7　数字消费现有测量

现有研究	指标	包含要素				
		商品数字内涵	数字技术	消费主体	消费客体	消费环境
郭峰（2020）	数字支付的使用深度、数字支付覆盖广度		√	√		
杨巨和彭浩（2022）	移动电话普及率、互联网宽带普及率、移动电话通话时长、移动互联网接入流量	√			√	
申俊喜和谢嘉欢（2024）	消费内容数字化水平、消费方式数字化水平	√	√		√	

（续表）

现有研究	指标	包含要素				
		商品数字内涵	数字技术	消费主体	消费客体	消费环境
茹慧超和邓峰（2023）	国家信息消费政策		√	√		√
朱迪（2022）	网络消费积极性、数字消费能动性、路径依赖反思性、行动策略			√		√
祝合良（2023）	数字化消费普及、数字技术赋能、基础保障、数字消费治理		√	√		√

第三节　本研究观点

数字消费，是指以数据资源作为关键生产要素、以现代信息网络作为重要载体、以信息通信技术的有效运用作为拉动消费的一系列消费活动。

在数字经济时代，随着万物互联的进程，任何消费品与消费行为都向联网化、在线化发展。消费品不仅具有价值与使用价值，同时具备了一种新的价值，即数字价值。数字价值由数据价值、大数据价值和数字文化价值构成。

数字消费具有如下特点：

首先，消费行为从单一消费转向综合型消费，包括直接消费（商品）、间接消费（内容）和边际消费（流量与数据）。消费者对商品的需求从"功能型"消费转向"商品（功能）+流量（数据）+内容"的综合型消费。消费者不仅愿意为商品的使用价值付费，同时也愿意为商品的数字价值付费。

数字消费目前出现了三种模式：

模式一，从"流量"到"流量+商品+内容"。最典型的是电信运营商，从卖流量/话费逐渐过渡到卖"流量/话费+手机"，再到"流量（话费）+电商/手机+内容"。中国电信、中国移动、北京联通的业务运营都已经进入"流量（话费）+电商/手机+内容"阶段，推出了终端电商业务和内容服务业务，并以多种套餐形式进行推广。

模式二，从"商品"到"商品+流量"再到"商品+流量+内容"。最典型的是电商平台，无论是阿里、京东还是拼多多，如今都进入了电商平台直播卖货时代，直播的出现是数字消费具备文化内涵的最直观表现。

模式三，从"内容"到"内容+流量"再到"内容+流量+商品"。最典型的是音视频平台，从搭建平台、提供内容服务，发展到内容平台+内容电商阶段，无论是字节跳动，还是快手、小红书、知乎等，内容电商已经成为其重要收入来源。

其次，市场需求从模糊数据驱动转向精准大数据驱动。数字经济时代，市场调节从依靠模糊市场数据推动转向精准大数据推动，智能推荐算法成为重要手段。在商品信息没有联网之前，以产定销的市场数据是相对模糊的，一般要通过各种市场调查手段来估测市场数据。

在数字经济时代，市场数据是精准的，在精准大数据及其智能推荐下，销售模式越来越智能化、精准化、个性化，反向定制成为重要发展趋势。但同时，也出现了大数据“杀熟”的问题。

最后，数字内容消费从一次性消费转向持续性消费。在传统电视行业，观众收看电视节目是免费的，电视台通过广告盈利；但在互联网视听平台，优质节目收费成为重要的收入来源。在游戏行业、数字出版以及音视频领域，已经早早从单机版一次性付费进入了持续性消费阶段。

消费是经济增长的最终需求，是推动经济稳定增长的根本动力，是总需求的重要组成部分，数字消费是发展数字经济的引擎。

1. 数字消费拥有超大规模数据优势

中国互联网络信息中心（China Internet Network Information Center，CNNIC）第53次《中国互联网络发展状况统计报告》显示，截至2023年12月，我国网民规模达10.92亿人，较2022年12月新增网民2 480万人，互联网普及率达77.5%。中国网民占全球互联网用户总数的1/5以上。中国成为全球互联网用户最多的国家，是拥有超大规模消费数据的最大区域市场。

中国超大规模的消费数据以及在此基础上形成的内需市场，不仅成为我国数字经济增长的重要驱动力，也成为我国构建以国内大循环为主体、国内国际双循环相互促进的新发展格局的重要基础。

在国内大循环市场中，超大规模消费数据的优势表现在消费品不仅拥有较大的成本优势，在质量上也可以与国际大品牌媲美，甚至在越来越多领域（比如数字智能终端）中技术水平与产品品质已经领先全球，产品形成了显著的性价比优势，从而在国际大循环中处于有利的竞争地位。由此形成一种现象：在中国市场成功的产品，复制到全球各地市场并本地化后，大概率可以成功。超大规模消费数据能产生显著的长尾市场效应。数字消费突破了时空限制，使商品储存、流通、展示的场地和渠道足够宽广，销售成本大幅下降，尤其使偏远地区的产品和小众品牌产品扩大了市场份额，数字化平台为长尾市场创造了盈利空间，众多偏远地区农户和中小微企业能够不断拓展市场宽度和挖掘市场深度，在不断细分领域中找到生存空间。

2. 传统消费产业数字化改造潜力巨大

互联网消费快速盛行，移动支付成为常态，线上平台不断崛起，分流了线下实体的主要客流量，对线下实体造成巨大冲击。与此同时，实体店也面临着成本过高、利润微薄、客流不足、行业竞争激烈等一系列问题。实体店要寻求创新、发展、变革之路，加快实现数字化转型升级，形成线上线下融合，实现消费渠道、流量、信息、数据的智能融合，提供大数据智能推荐和个性化定制等数字服务是传统实体经济的必由之路。因此，传统消费的全链条数字化改造潜力巨大，将进一步释放消费，促进数字经济发展。

3. 数字消费新业态新模式创造大量新需求

数字技术不断向消费领域渗透，促使消费的边界不断拓展。直播带货、社群营销、云逛街、云展览等新业态、新模式正在被消费者普遍采用并不断释放潜力。同时，疫情推动新消费，催生了大量“无人接触”的数字经济消费新场景，如无人驾驶、服务型机器人、无人超市、无人机配送等场景逐步转化为商业应用。房地产开发商和房产中介升级线上服务，推出 VR 看房看车服务等。后疫情时代，数字化生存逻辑将对未来消费模式产生深远影响。消费者日益习惯在数字空间进行消费、娱乐、社交等活动，这些都将不断拓展更加丰富多元的数字消费新空间，创造新的经济增长点。

4. 数字消费测量的涵盖范围

国家统计局发布的《数字经济及其核心产业统计分类》将数字经济产业范围确定为：数字产品制造业、数字产品服务业、数字技术应用业、数字要素驱动业、数字化效率提升业五大类。

依据数字消费产品与服务是否与流量、内容相关，且可以直接被最终消费用户消费，数字消费在数字经济中覆盖了数字产品制造业、数字产品服务业、数字技术应用业、数字内容服务业和数字化效率提升服务业五大类、22 个中类，具体如表 8 所示。

表 8　数字经济产业中数字消费覆盖范围

序号	产业大类	产业中类
1	数字产品制造业	计算机制造
		通讯及雷达设备制造
		数字媒体设备制造
		智能设备制造
		电子元器件及设备制造
2	数字产品服务业	数字产品零售、数字产品批发
		数字产品租赁
		数字产品维修

（续表）

序号	产业大类	产业中类
3	数字技术应用产业	电信、广播电视和卫星传输服务
		互联网相关服务
		信息技术服务营业收入和其他数字技术应用产业
4	数字要素驱动业	互联网平台
		互联网批发零售产业
		互联网金融
		数字内容与媒体
5	数字化效率提升产业	智能交通
		智慧物流
		数字金融
		数字商贸
		数字社会
		其他数字化效率提升产业

第四章　北京数字消费发展现状

第一节 整体概况

从需求侧看，基于人口基数的限制，尽管北京人均收入较高，但移动互联网的户均流量（Dataflow of usage，DOU）相对较低，处于第16—20位之间，由此得出北京数字消费需求市场在全国各省市中处于中等水平。一般来说，人均收入高但DOU较低的地区，单位流量价格偏高，因此北京作为一线城市，流量资费还有进一步下降的空间，这说明北京的数字消费市场具有较大的增长潜力。如图1所示。

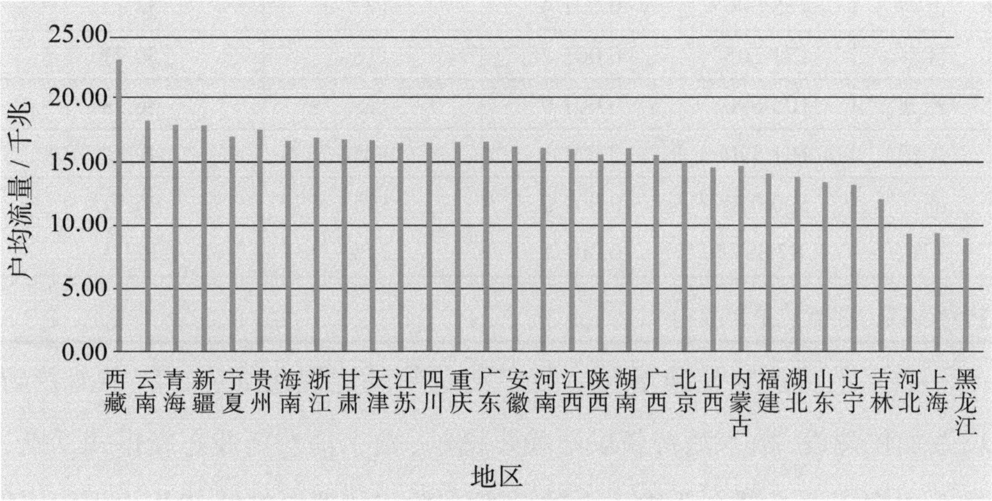

图1　2024年2月各地区移动互联网DOU情况

从供给侧看，基于科技、文化、人才等优势，北京已经成为数字消费供给较大的地区，在数字内容消费标杆企业培育、数字新基建等方面处于全国前列，如表9、表10所示。

表 9　重点省市数字消费上市公司情况

省市	A 股	中概股	港股	合计
北京	85	28	9	122
广东	87	6	6	99
上海	42	4	0	46
江苏	43	1	1	45
浙江	38	2	0	40
福建	20	0	2	22
天津	1	0	0	1

表 10　2024 年 6 月全国重要省市数字新基建指标情况

省市	人均 GDP / 元	人均 5G 基站数 / 个	移动电话普及率 /（部 / 百人）	家庭固定宽带接入普及率 /（部 / 百户）
北京	164 904	0.002 1	177	36.03
上海	155 606	0.001 4	177	38.12
江苏	121 205	0.001 2	118	50.71
福建	105 690	0.001 0	115	46.98
天津	101 570	0.001 1	125	49.38
浙江	100 070	0.001 5	135	46.57
广东	87 897	0.001 1	125	121.3

数据来源：各省通信管理局。

数字消费逆势快速增长，数字消费新基建快速推进，数字消费新场景加快建设，数字消费新供给稳步增长，数字消费新业态新模式活跃，数字内容消费标杆企业进入全球前列，数字消费专精特新及“小巨人”企业稳步增加，数字贸易技术快速提升，数字人民币试点有序推进。

第二节　数字消费新基建加速推进

2020年6月，北京市发布了《北京市加快新型基础设施建设行动方案（2020—2022年）》，该方案从新型网络基础设施、数据智能基础设施、智慧应用等角度出发，培育壮大新业态，打造北京经济新增长点。

目前，全市已完成5G独立组网、核心网和千兆固网接入网络的建设。截至2024年11月底，北京已经建设5G基站5.1万个，万人基站数全国第一，每万人5G基站数约20个，平均上传速率达42 Mbps，均居全国第一。基本实现五环内和副中心连续覆盖，五环外重点区域精准覆盖。5G终端用户已达到1 486万户，5G终端用户占移动用户的36.2%。

北京千兆固网累计达42.8万户，建成全城1ms时延圈。宽带政务专网实现了城六区、郊区主城区以及重点高速公路的室外连续覆盖，并覆盖了冬奥会北京赛区场馆的室内。

在2022年北京冬奥会的数字通信保障方面，北京市内赛区场馆完成了5G覆盖，延庆冬奥赛区已实现5G网络覆盖，张家口崇礼赛区实现了各乡镇的5G网络覆盖。京张高铁沿线已实现4G/5G网络覆盖；延庆高速、京礼高速沿线实现了4G网络全覆盖，同时积极推进5G网络覆盖。

在新型算力基础设施建设方面，新建了一批新型数据中心，包括边缘数据中心和人工智能算力中心等计算型的数据中心，改造了一批高耗能低效的数据中心，整合了一批规模分散的数据中心，关闭了一批功能落后的数据中心。

移动用户与宽带用户稳中有升，数据中心、云计算、大数据等新兴业务成为固定增值业务的主要增长点，其中云计算和大数据业务增势突出，增速分别达到 72.4% 和 28.3%。

第三节　数字消费新场景加快建设场景营销

数字消费新场景加快建设，场景营销是通过消费场景的设置，使消费者有身临其境的感觉，让消费群体能快速锚定适合自身用途的产品组合，达到最佳效果。产品的基础优势和附加价值可在场景内最大化。数字经济改变消费模式和消费习惯，新需求正在催生新的消费场景，推动消费升级，而新的消费场景又能促进消费，推动产业发展。

北京市一直以来非常重视数字消费新场景建设。2020 年 6 月，《北京市加快新场景建设培育数字经济新生态行动方案》提出，以数字化赋能经济发展和培育优化新经济生态为主线，以场景驱动数字经济技术创新、场景创新与新型基础设施建设深度融合为引领，聚焦人工智能、5G、物联网、大数据、区块链、生命科学、新材料等领域的新技术应用，为推动企业特别是中小企业技术创新应用提供更多“高含金量”场景条件，积极推广新业态新模式，加快培育新的经济增长点，更好推动北京经济高质量发展。

近年来，北京市数字消费新场景加快建设，在智慧商圈、未来社区、云展览展示、云演出和云旅游方面都取得了较快发展。

一、智慧商圈

1. 积极布局智慧商圈建设

智慧商圈是智慧城市的重要组成部分，是以互联网、移动互联网、大数据和云计算等为基础，涵盖智能商务、智慧营销、智慧环境、智慧生活、智慧管理、智慧服务的智慧应用平台。通过创新性的技术应用，让智慧商圈范围内的商家快速精准地感知消费者需求，并及时作出响应和提供服务；同时，消费者也通过这个商圈平台在生活需求的各个方面获得实惠和便利。

华为河图 Cyberverse 是一个融合 3D 高精地图能力、空间计算能力、强环境理解能力和超逼真的虚实融合渲染能力的技术平台，目的是打造地球级的、不断演进的、与现实无缝融合的数字新世界。华为河图提供五项核心功能：AI 强环境理解、直观信息获取、精准定位推荐、虚实融合拍照、人性化步行导航等。

西城区和华为在北京坊试点了全球首个 AR 虚实融合的 5G 智慧商圈，给消费者带来沉浸式数字体验。消费后，西城区将进一步推进合作，推动产业数字化赋能示范区和数字应用场景引领示范区建设，打造全球领先的数字经济技术创新高地。

在顺义区，北京首都国际机场联合华为公司打造北京首都国际机场 5G+ 河图 AR“红船”主题新景观，融合数字科技与历史文化，带来沉浸式全新体验。下一步还将构建北京首都国际机场航站楼的数字孪生体系，为旅客和工作人员带来与物理世界深度融合、实时呈现的数字信息和智能交互体验，打造智慧机场。

平谷区、朝阳区也在积极推进华为河图在智慧商圈的落地。东城区联手京东数科将王府井步行街打造为一条“线上线下融合的数字化商业街”，借助大数据、人工智能、物联网等底层数字技术，打造了一套“智能商业街操作系统”。借助这套系统，可以将城市中的经济、交通、客流等不同来源的时空数据在短时间内进行高效融合。

此外，大悦城控股北京大区公司正在与中国电信北京公司主推“5G+MEC 智慧商业综合体”，覆盖包括西单大悦城、朝阳大悦城、中粮 · 祥云小镇、大兴大悦春风里、海淀悦界主题街区以及丰台大悦春风里、石景山大悦城、海淀大悦城等。

2. 推进信息消费体验中心建设

从 2019 年下半年开始，北京市就开始培育建设新型信息消费体验中心。2021 年，支持制定北京市《信息消费体验中心认定规则》，启动体验中心贯标和评测工作。在近 30 家申报企业中，推出了 17 家新型信息消费体验中心，如表 11 所示。其中，大多数新型信息消费体验中心参与了北京数字体验周和北京信息消费节活动，得到了社会的广泛关注。中央电视台和北京电视台等主流媒体进行了一系列报道，帮助企业提升品牌形象，拓展了市场。

表 11　信息消费体验中心名单（排名不分先后）

序号	类型	名称
1	特色型	SoReal VR 超体空间
2	综合型	鑫方盛新零售体验店
3	综合型	海尔智家 001 体验中心
4	综合型	曲美新型信息消费体验中心
5	特色型	腾讯 WeSpace 信息消费体验中心
6	特色型	盒马 X 会员店
7	特色型	小米之家 APM 体验店
8	特色型	小米之家北京通州万达体验店
9	综合型	西单大悦城
10	综合型	联想未来中心
11	综合型	北京苏宁易购销售有限公司慈云寺桥店
12	综合型	多点智慧零售物美联想桥体验店
13	特色型	凯叔讲故事体验中心
14	特色型	黑象低碳绿能智慧体验中心
15	综合型	北京荟聚
16	特色型	依文信息消费体验中心
17	综合型	1983 创意产业园运动休闲体验中心

3. 推进网上商场、直播卖货、云逛街等无接触购物场景建设

2019—2022 年，北京组织传统商场创新服务模式，开通网上商场、微信社群、直播间，通过“云复工”“云逛街”等无接触购物的方式积极复商复市。北京市百货大楼、国贸商城、朝阳合生汇、朝阳大悦城、长楹天街、华润五彩城等众多商场都建了微信群，开展“云购物”。

二、未来社区

2021 年 3 月，北京建立了第一家京浙互联的“未来社区实验室”——东城区建国门街道赵家楼社区，开始探索老旧城区未来发展之路。

围绕未来社区建设，北京市在智慧家庭、智慧超市与智慧便利店、智慧驿站、智慧书店、智慧配送等方面进行了布局。

1. 智慧家庭

智慧家庭是智慧城市的最小单元，是以家庭为载体，以家庭成员之间的亲情为纽带，结合物联网、云计算、移动互联网和大数据等新一代信息技术，实现低碳、健康、智能、舒适、安全和充满关爱的家庭生活方式。

北京非常重视家庭宽带提速降费工作。早在 2016 年，发布了《北京市人民政府关于积极推进“互联网 +”行动的实施意见》，至 2018 年，在家庭宽带方面，宽带普及率和宽带速度达到国际领先水平，家庭宽带接入能力超过 100 兆，资费水平有效降低，大幅提升普及率。目前，100 兆及以上宽带接入用户占比超过 91%，居全国之首。2019 年，北京部署大规模推动千兆宽带的普及业务，还推出了 3 000 兆宽带升级产品。在智慧家庭解决方案和产品方面，小米、海尔、华为等提出了几

种模式。小米智慧家庭解决方案立足硬件生态链优势，推出大量智能小件保证连通性，可以进一步降低用户参与门槛；海尔智家智慧解决方案立足于全套产品矩阵和长期服务品牌优势，从全套产品、高端体验、生态合作、优质服务方面来构建全家庭场景；华为重点发力软件系统，特别是鸿蒙操作系统，其最大的特点是将智能家居品牌之间的壁垒推倒，建立以鸿蒙操作系统为基础的产业生态，从而提升智慧家庭生态的竞争力。

2. 智慧超市与智慧便利店

近 3 年来，以传统超市为核心业务对象的零售企业，不论是千亿级企业还是中型上市公司，绝大部分亏损严重，频现关店事件。而智慧超市与智慧便利店业务发展迅猛，不仅销售额稳步上升，开店的数量及速度也处于增涨态势。显然，传统超市的数字化迫在眉睫，智慧超市既是企业的数字化转型之路，也是方便群众、构建智慧社区的重要载体。

在超市与便利店的数字化领域，北京超市领域的产业转型迅速，并且已经处于领先水平，其中多点 Dmall 的解决方案比较有代表性。

多点 Dmall 成立于 2015 年，是一家数字零售解决方案提供商，其方案首先在北京物美超市的多个卖场实践，取得了良好的效果。其中，物美联想桥店经过智慧化改造后，实现了全场景的智慧感知和智能调度，配置了包括智能存包柜、智能购物车、智能派样机、智能货架、智能互动屏、自助结账机等智能化设备，同时也配置了智能监控、智能安防、智能防损等基础设施。尽管门店经营面积由 12 000 平方米减少至 3 500 平方米，但是单位面积的营业额得到大幅提升，平均人效提升 26%，商品缺货率由 14% 下降至 2%，库存周转天数由 23 天下降至 15 天，整体利润同比增长 113%。目前，多点 Dmall 已与 120 多家连锁零售商、品牌商等达成合作，覆盖 4 个国家和地区的 15 000 家门店。

在便利店方面，北京目前形成了以本土品牌物美和好邻居打头阵，新锐品牌便利蜂、多点快速抢位，外资品牌全家、罗森追赶的局面。其中，便利蜂诞生于 2017 年，是一家从创立就以智慧决策和数字驱动为核心模式的企业。得益于智慧化运营，于 2020 年 5 月实现北京地区整体盈利。目前，便利蜂门店总数超过 2 000 家，已经走出北京，布局全国。

随着智慧便利店数量的增加，北京连锁便利店（社区超市）达到每百万人 310 个，同比每百万人 282 个，增长了 9%，在消费繁荣度、商业活跃度、到达便利度、消费舒适度方面都有了长足的进步。

3. 智慧驿站

北京驿站数量众多、形式多样，规模和运营模式差异大。目前全市建有养老驿站 1 000 多家，园艺驿站 100 家，生活垃圾分类驿站 487 个，关爱邮政快递员的“暖蜂驿站”“骑手驿站”10 多家，在建公交“便民驿站”10 多个，工会系统大小不一、形式多样的“暖心驿站”有 27 000 多家。

其中，出现了少量具备智慧特色的服务驿站和爱老驿站。西城区前门大栅栏联合百度建设的“爱老驿站”依托“小度在家”等人工智能产品，连接社区养老需求与养老机构，为老人提供定制化改造等服务，让老年群体能够享受到适老化智能生活与丰富的音视频内容带来的乐趣。

海淀区西三旗街道“i 家园”智慧社区服务驿站具备全民阅读、健康驿站、公益养老、儿童成长、工会服务、政务服务等功能，通过线上和线下相结合的方式，为周边居民提供服务。

4. 智慧书店

截至目前，北京市实体书店数量约为 2 000 家，实体书店数量位居全国第一，实现每万人拥有 0.9 个书店。智慧书店建设方面，北京出现了以下两种主要模式：无人书店与城市书房。模式一：无人书店，北京发行集团旗下北发网打造的全国新华书店首家人工智能图书零售盒子——新华生活 +24 小时无人智慧书店。书店无人值守，有全天候在书店值守服务的智能机器人，顾客注册后，可以刷脸、扫码、进门、挑选商品、机器人扫码结算、离开，所有环节均由顾客自助完成。模式二：新华书店总店试点的城市书房，具备机器人识别、射频识别（Radio Frequency IDentification，RFID）技术智能书柜、多种数字支撑系统。传统书店数字化改造包括两部分：线上平台建设与门店的数字化改造。北京图书大厦推出了“智慧书城”线上平台，实现选书智能化、支付移动化、体验多元化，线上线下融合，覆盖了以北京图书大厦为龙头的北京市 50 余家新华书店。北京图书大厦还对店内近 50 台智能查询设备和智能支付设备进行了全面升级改造，为读者在店内选购图书和参与活动提供了便捷指引。随着智慧书店建设的推广与传统书店数字化改造的推进，智慧书店将越来越多地出现在北京市民的生活中。

5. 智慧配送

北京快递业务量逐年增加，尤其是快递投递量增长迅速，当前快递投递量已经达到揽收量的 1.3 倍，北京已成为典型的快递输入型城市，配送的智慧化建设需求迫切。针对服务社区的智慧配送体系包括：快递网点智慧化、终端智慧化（智能快递柜）、投递智慧化。在智能快递网点建设方面，部分企业已经在升级北京快递网点，京东物流正在将北京的部分营业部升级成全国首批京东快递旗舰店，从店面形象、功能分区、智能设备引入等软硬件方面进行改造。

在终端智慧化方面，全市已建成智能快递柜 1.8 万余组，格口数达 180 多万个，箱投率达到 13%。

在投递智慧化方面，北京成为智能配送机器人的重要研发基地和示范应用市场，全国 14 个智能配送机器人研发企业中，北京占据 3 家，如表 12 所示。

表 12　国内智能配送机器人赛道重点企业

企业	成立年份	主要应用场景	所在地
普渡	2016	配送、消毒、迎宾等	深圳
擎朗	2010	医疗、导引、酒店、配送等	上海
穿山甲	2016	接待、讲解、配送等	苏州
优地科技	2013	酒店、餐饮、配送等	深圳
达阔科技	2015	酒店、医疗、家庭配送等	上海
有个机器人	2015	楼宇、酒店配送等	上海
云迹	2014	楼宇、酒店配送等	北京
广州映博	2013	巡逻、配送、引导等	广州
赛特智能	2017	医疗、环卫等	广州
洛必德	2018	医疗、餐饮、配送等	北京

（续表）

企业	成立年份	主要应用场景	所在地
景吾科技	2019	配送、打扫、导引等	上海
康力优蓝	2011	烹饪、酒店、配送、陪伴等	北京
惊鸿机器人	2011	配送、智能玩具、导引等	上海
贝叶斯机器人	2019	医疗、教育、配送等	江苏

在智能配送车应用方面，顺义区于 2021 年 4 月实现美团 L4 级自动驾驶无人配送车 S20 在北京落地运营。美团计划未来 3 年将在北京顺义、亦庄以及深圳等多个地区和城市部署上万台无人配送车。2021 年 10 月，京东物流展示了多款智能配送设备，并宣布 L4 级别自动驾驶智能快递车在全国超过 10 个城市运营。目前，无人车的硬件成本接近 50 万元，成本依然是无人车大规模部署的难题之一。

三、云展览

“擦亮历史文化金名片，北京名城保护再出发——北京历史文化名城保护条例专题展”开展，线下和线上同步进行。2021 年 5 月，北京国际摩托车展，300 家国内外企业在京东汽车线上摩托展会同步展出。6 月，故宫博物院与东南大学联合推出的“华彩世界 · 琉璃故宫”云展览上线，134 座琉璃建筑物首次集中亮相。7 月，故宫博物院举行“新时代 · 新故宫——故宫博物院文化遗产保护与传承主题云展览”。9 月，第十一届北京国际电影节北京市场招商展会线上开展。10 月，“北京市外贸进出口线上展洽会（东北亚专场）”举行。11 月，第九届中国慈展会首次全面升级为“云展会”。11 月，北京国际钱币博览会以线上图文展形式举行。云展览可以打造永不落幕的线上展览会，作为各种会展的一个数字延伸方式，在北京已经成为常态。

四、云演出与云旅游

2020 年 11 月 18 日，国家文化和旅游部发布《关于推动数字文化产业高质量发展的意见》，提出培育云演艺业态和丰富云展览业态。

受疫情冲击，2020 年前三季度，文化产业增速下降至 -0.6%。形成鲜明对比的是，与互联网数字化相关的文化新业态产业比上年同期增长 21.9%，其中云演艺在国内外取得了不俗的效果。

2020 年 4 月，网易云音乐推出了 LIVE 现场扶持项目“点亮现场行动”，其中九连真人专场门票收入上百万元。2020 年 6 月，北京京剧院排演了京剧《许云峰》，线上 9.9 元一张的票，卖出了 9 000 多张。2021 年春节期间，国家京剧院与中国移动咪咕协同制作了 4K 超高清版本的《龙凤呈祥》，累计线上收入 30 余万元。

最典型的是 2020 年 11 月，美国歌手特拉维斯 · 斯科特（Travis Scott）与《堡垒之夜》合作举办的一场宇宙（ASTRONOMICAL）全球虚拟演唱会，总共吸引了全球 2 亿玩家，实时在线人数高达 2 770 万，共获得 4 580 万次的观看量。

“云演出”因为巨大的流量入口、不断突破的技术壁垒、更多样的表达形式以及越来越成熟的创作经验，为业内带来了一场全新的观演“革命”。尤其是当下渐趋完善的 4K、VR/AR/MR/XR、沉浸式光影技术，已经能够帮助演艺行业实现沉浸式线上演出，云演出已经从应急之举变成了超级舞台。

2021 年 8 月，北京联通与中国木偶剧院联合推出基于 5G+ 智慧场馆的云演出直播，为“大头儿子小头爸爸”等一系列大剧，大大拓展了市场。

在云旅游方面，今年以来，北京市鼓励本市有条件的旅游企业、文化场所、旅游景区发展在线旅游，打造在线旅游产品，推出精品文化旅游课堂，鼓励文旅行业创新发展云旅游、云演出等线上营销新业态。

元旦到春节期间，北京市 100 家博物馆推出在线旅游。各区推出在京过大年相关活动，提供云庙会、云演出、云互动、云游览等线上公共数字文化服务。北京市公园管理中心也开启“新春游园汇”线上活动，推出新春直播、云游导讲、线上课堂，集合市属公园及中国园林博物馆开展云上游览、线上观展、云端科普、文创直播等活动。7 月，北京市推出全市红色旅游电子地图以及红色旅游景区 VR 全景虚拟导游。

云展览展示、云演出和云旅游的产业支撑，主要基于 VR/AR/XR 技术与产业，这个领域北京具有较强的产业优势。2021 世界 VR 产业大会云峰会评选的中国 VR50 强企业，如表 13 所示，有 24 家为北京企业，几乎占据半壁江山。

表 13 中国 VR50 强企业

序号	企业名称	序号	企业名称
1	宏达通讯有限公司（HTC）	19	北京凌宇智控科技有限公司
2	北京百度网讯科技有限公司	20	亮风台（上海）信息科技有限公司
3	歌尔股份有限公司	21	泰豪创意科技集团股份有限公司
4	京东方科技集团股份有限公司	22	南京睿悦信息技术有限公司
5	咪咕文化科技有限公司	23	北京耐德佳显示技术有限公司
6	贝壳找房（北京）科技有限公司	24	江西科骏实业有限公司
7	北京爱奇艺智能科技有限公司	25	北京易智时代数字科技有限公司
8	青岛小鸟看看科技有限公司	26	乐相科技有限公司
9	科大讯飞股份有限公司	27	上海影创信息科技有限公司
10	新国脉数字文化股份有限公司	28	苏州美房云客软件科技股份有限公司
11	利亚德集团北京虚拟动点科技有限公司	29	北京东方瑞丰航空技术有限公司
12	北京达佳互联信息技术有限公司	30	四川川大智胜软件股份有限公司
13	北京当红齐天国际文化科技发展集团有限公司	31	北京沃东天骏信息技术有限公司
14	中国动漫集团有限公司	32	北京金山云网络技术有限公司
15	联通灵境视讯（江西）科技有限公司	33	联想新视界（北京）科技有限公司
16	影石创新科技股份有限公司	34	艾迪普科技股份有限公司
17	闪耀现实（无锡）科技有限公司	35	北京润尼尔网络科技有限公司
18	威爱科技集团	36	北京亮亮视野科技有限公司

（续表）

序号	企业名称	序号	企业名称
37	深圳创维新世界科技有限公司	44	丝路视觉科技股份有限公司
38	深圳市虚拟现实技术有限公司	45	叠境数字科技（上海）有限公司
39	北京众绘虚拟现实技术研究院有限公司	46	红色地标（北京）文化科技有限公司
40	视伴科技（北京）有限公司	47	小派科技（上海）有限责任公司
41	北京千种幻影科技有限公司	48	北京触角科技有限公司
42	恒信东方文化股份有限公司	49	北京为快科技有限公司
43	深圳市瑞立视多媒体科技有限公司	50	江西格灵如科科技有限公司

资料来源：世界 VR 产业大会。

第四节　数字消费新供给稳步增长

一、数字内容消费

数字内容消费成为数字消费中最有活力、增速最快的领域之一，其中数字阅读和游戏动漫在最近一年的收入增长速度都在 30% 以上，电商直播在最近一年收入增长超过 100%，成为数字消费领域一道亮丽的风景线。

1. 数字阅读

据2021年1月艾瑞咨询发布的《2020年中国网络文学作家影响力榜单解读报告》，2020年中国数字阅读用户规模为4.94亿。按人口比例计算，北京常住人口与流动人口合计大约3 000万人，2020年北京数字阅读消费市场规模为7.97亿元，2021年大约为8.9亿元。供给侧方面，2020年，北京四家重点数字阅读企业收入合计为47亿元，占全国约12%的市场。其中，2020年掌阅科技营业总收入为20.61亿元，中文在线营业总收入为9.759亿元，点众科技收入17亿元，新经典文化总收入8.76亿元，数字阅读总收入2 408.5万元。

2. 游戏动漫

2020年，北京动漫游戏产业总产值约为1 063亿元，约占全国动漫游戏产业产值的19.3%，相比2019年的806亿元增长了32%。其中，动漫产业总产值为168.71亿元，游戏产业总产值为894.29亿元。

在游戏产业方面，移动游戏市场规模持续扩大。2020年，北京移动游戏市场实际销售收入为894.29亿元，比2019年增加了178.6亿元。2020年，北京移动游戏用户数量已达508.1万人，比2019年增长了16.6万人。

“电竞北京2020”推出了“一会一展一赛”三大活动：北京国际电竞创新发展大会、电竞之光展览交易会、2020年王者荣耀世界冠军杯总决赛以及10多场电竞赛事。

“电竞北京2021”赛事规模继续扩大，超过50项电竞赛事及活动在京陆续举办。赛事还发起了“电竞北京”合作伙伴计划，腾讯、完美世界、网易游戏、360游戏、盖娅互娱、当红齐天等游戏研发企业，

VSPN、华奥电竞、华体电竞、人民电竞、卓樾网络等电竞运营企业，微博电竞、京东电竞、百度电竞等俱乐部，虎牙、企鹅电竞等直播平台，咪咕文化、新唐文娱、海淀文旅集团、尚亦城等电竞投资和综合运营企业积极响应号召，首批合作伙伴达到20家，并发出了《关于协同促进电子竞技产业健康繁荣发展的倡议》。

动漫产业方面，截至2020年10月，北京动画片备案总长度为15 681分钟，约占全国动画片备案总长度155 114.3分钟的10.1%。积极开拓海外市场是北京游戏产业一直以来的优势和特点。北京企业自主研发的网络游戏产品已覆盖100多个国家和地区，在全球游戏市场占据重要位置。2020年北京游戏出口总产值为419.29亿元，比2019年增长30%。

3. 短视频与直播电商

随着5G技术的不断普及，短视频应用得以进入千家万户，形成新的社交渠道，逐渐发展成国民级应用。作为数字化内容社区，短视频与直播电商平台始终关注行业变化，并深入参与产业升级，助力线上线下流量的融合发展，实现服务行业内链路打通与环节提效。用内容与信任加持行业的长效经营，在房产、农资、招聘等领域持续贡献自己的力量。

在房产领域，快手理想家基于直播卖房模式，搭建了直播短视频房产知识与信息平台和房产交易服务平台。快手房产业务北区负责人边丽介绍，2023年快手理想家启动“超级理想城”计划，面向首批重点战略合作城市，加大一系列扶持资源，并以“陪跑计划”帮助优秀合作机构及主播转型升级，目前已在长春、上海、石家庄、重庆等城市落地。随着快手理想家房产业务的发展，以“房产主播促进新房交易”的新型房产经纪模式带来了房产经纪服务的新趋势。2023 年第三季度，快手理想家累计交易额达 140 亿，覆盖全国超过 120 个城市。2023 年，快手农资从“到家”的电商模式开始，继续深入，探索“线上 + 线下”的本地模式。不少农资品牌和门店借助平台补贴等营销支持，获取新的订单和客源，实现经营提效。快手农资负责人刘红超表示，快手已经成为农资行业品牌、零售商、农户相互连接的重要渠道。

2024 年，快手农资在发力本地团购的同时，将向河南、河北、山东一带重点推进，补充农资农机等供应链供给。此外，快手农资也将通过组建线下服务团队、联合农资服务商，共同为农资商家提供更全面、深入的服务体系。同时，在招聘领域，快手为线上招聘行业带来 14% 的新增量，合作企业超过 24 万家，去年月活跃用户规模已达到 2.5 亿。快手快聘推出丰富多元的岗位和求职活动，充分发挥直播带岗的形式优势，不断推动高质量充分就业，并向招聘行业提供了数字化的基础设施，成为行业数字化转型的重要推动力。北京斗角科技有限公司首席执行官赵津津表示，在招聘行业，求职者的线索成本逐年上涨，招聘方通过生成式人工智能的方式应用在直播和短视频上，不仅投产比高，而且标签精准的公司自媒体账号也是公司的无形资产。

4. 直播电商

自 2018 年开始，中国直播电商行业成为风口，2019 年薇娅、李佳琦等关键意见领袖的强大流量和变现能力进一步催化直播电商迅速发展，使得直播电商行业市场规模迅速增长。2020 年由于新冠疫情的影响，商城出现停业关闭情况，疫情催化激发电商直播行业的活力。

2020 年直播电商市场规模相较于 2019 年上半年增长 121%，达 9 610 亿元。预计到 2022 年，中国电商直播市场规模将进一步上升至 15 073 亿元。从市场集中度看，我国直播电商行业以淘宝直播、快手、抖音三家平台为主，其余如京东、蘑菇街、小红书等平台市场份额相对较小。其中总部位于北京的平台有：抖音、快手、京东等，市场占有率方面达到约 40%，如图 2 所示。

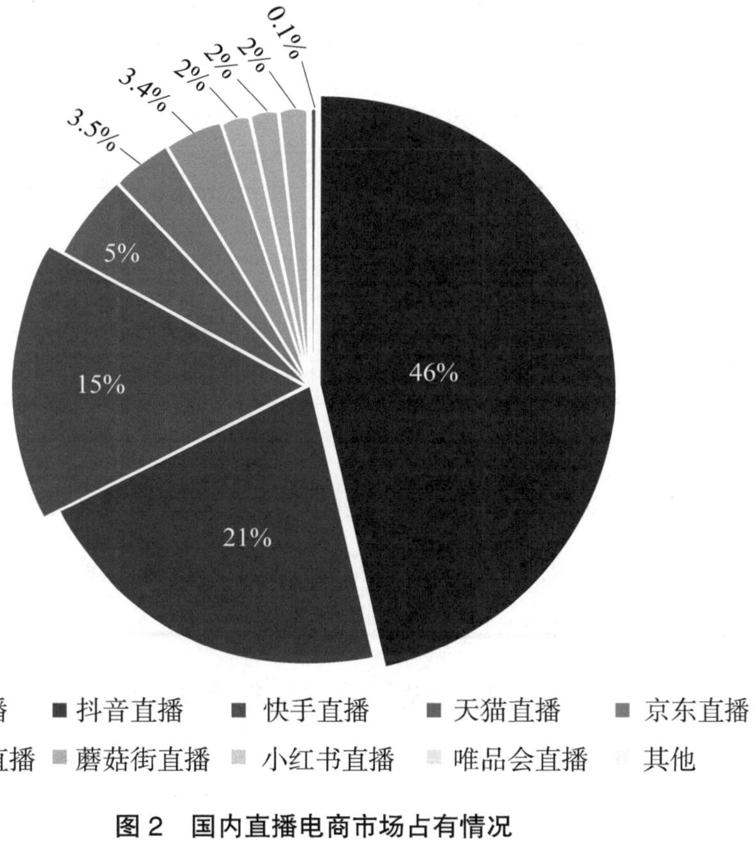

图 2　国内直播电商市场占有情况

二、数字产品消费

1. 数字智能产品

在手机、电脑与智能电视方面，2023 年北京市以手机、电脑、显示器和智能电视为代表的数字产品产量保持了总体增长的态势，其中手机和显示器增速较大，达到 20% 左右。如表 14 所示。

表 14　数字智能产品销售情况

	2022 年	2023 年
手机 / 万部	8 373.3	9 928.5
微型计算机设备 / 万台	513.2	552.4
显示器 / 万台	470.1	577.8
智能电视 / 万台	417.9	279.3

数据来源：北京市统计局。

在可穿戴设备方面，小米继 2019 年夺得全球可穿戴设备冠军之后，2020 年继续蝉联第一。小米可穿戴设备出货量达到 3 770 万台，同比增长 5.7%，市场份额达到 20.3%。

2023 年，小米可穿戴设备一季度出货 1 020 万台、二季度约 800 万台，三季度约 721 万台。AR/VR 头盔方面，互联网数据中心发布的中国 AR/VR 市场报告显示，Pico 持续保持中国 VR 市场份额第一，在国内一体机市场，份额目前已超 50%。Pico 成立至今，其 VR 头盔设备累计销量突破 50 万台。

2. 智能网联汽车

北京不仅是智能网联汽车的试验高地，同时也逐渐成为智能网联汽车制造的高地。工业和信息化部、公安部、住房和城乡建设部、交通运输部等 4 部门正有序开展智能网联汽车准入和上路通行试点，已组织专家对首次集中申报的方案进行了初审和择优评审，研究确定了 9 个进入试点的联合体。北汽集团成为入围的整车企业之一。

在智能网联汽车领域，北汽坚持自主创新和开放创新并重，聚焦自动驾驶出租车、AVP 自主代客泊车、5G-V2X 车路协同、车队队列行驶等示范运营展示，积极参与推进北京市高级别自动驾驶示范区建设相关工作。2023 年，旗下北汽极狐与北汽福田成为首批获得北京市有条件自动驾驶（L3 级）高速公路道路测试牌照的企业。

3. 5G+ 行业应用

近几年，北京在 5G+ 工业互联网、5G+ 文化旅游、5G+ 智慧教育、5G+ 融合媒体、5G+ 智慧物流、5G+ 智慧医疗、5G+ 自动驾驶等应用场景方面加紧布局，开展了一批示范项目建设，引领 5G 应用发展。

（1）5G+ 工业互联网

2020 年工业和信息化部 50 个工业互联网试点示范项目中，北京企业有 6 个示范项目入选。

2021 年 11 月 26 日，工业和信息化部发布的《关于发布“5G+ 工业互联网”十个典型应用场景和五个重点行业实践情况的通知》中，重点列举了 20 个案例，其中北京在装备制造业和电力行业入选了 2 个案例。

其一，三一重工与中国电信、华为合作，在北京市三一南口产业园开展了 5G 工业互联专网项目建设，5G 技术与机械制造生产工艺流程深度结合，实现了设备协同作业场景的应用。

其二，国网北京市电力公司与北京联通、中国电科院合作，在北京市开展了“5G 虚拟测量平台”项目建设，实现了生产现场监测场景的应用。

此外，5G+ 工业互联网已经在北京的智慧工地、智慧工厂等多个场景中应用，北京市正加快培育射频器件、测试仪表领域的领军企业 5G+ 工业互联网的发展。

（2）5G+ 文化旅游

2021 年 2 月，北京《智慧旅游景区基本要求及等级评定》公开征求意见稿提出，智慧旅游景区可以利用最新一代信息技术，对景区地理事物、自然资源、旅游者行为、景区工作人员行迹、景区基础设施和服务设施进行全面、透彻、及时的感知，对游客、景区工作人员实现可视化管理；与旅游产业上下游企业形成战略联盟；实现景区环境、社会和经济的全面、协调和可持续发展。智慧旅游景区将划分为 3 个等级，由低到高依次为 A 级、AA 级、AAA 级。

2021 年 7 月，工信部、网信办、文旅部等 10 个部门联合印发的《5G 应用“扬帆”行动计划（2021—2023 年）》对“5G+ 文化旅游”项目内容进行了定义，包括加快推进市属公园 5G 基础网络建设和 5G 应用场景落地，打造一批凸显公园特色和环境的 5G 应用场景，以及探索并形成 5G 智慧公园标准，树立行业示范标杆等。

北京联通重点打造“5G+ 环球影城”和“5G+ 博物馆”等项目。2021 年 9 月，北京联通完成满足 10 万人网络需求的环球影城室内室外覆盖，同时，结合5G+MEC、5G切片、5G专网等技术手段，完善了客户大型在线会议的智慧网络调度方案、园区疫情防控的智慧测温方案、现场测试智慧对讲与智能AR/VR，以及人口大数据平台应用等，同时积极对接度假区呼叫中心智能化系统建设及营销大数据平台系统建设，打造了“5G+智慧文旅”的重要案例。2021年11月，北京联通与首都博物馆成立5G+智慧博物馆联合实验室，打造示范项目。

中国移动北京公司重点打造“5G+智慧公园”示范项目。2021年8月，北京市公园管理中心与北京移动等企业签订了《北京市属公园5G应用场景建设战略合作协议》，打造“5G智慧公园”。目前，北京移动已经与北京市天坛公园和陶然亭公园达成合作意向，将充分发挥5G网络和技术、大数据和人工智能方面的作用，在5G导览、直播、自动清扫以及园内噪声治理等多个领域开展合作，提升公园地区信息化建设水平，促进景区内功能转型升级。

2021年5月，北京电信完成地铁西郊线全线以及北京植物园、香山等热门景区5G网络全覆盖。

（3）5G+智慧教育

2021年9月，《北京市“十四五”时期教育改革和发展规划（2021—2025年）》公布，要大力发展数字教育，推进网络化智能化的教育管理服务，建设智能互联的数字教育基础设施，构建处处能学、时时可学的智能化平台，智慧校园覆盖率达到85%以上。

2021年9月22日，工业和信息化部办公厅、教育部办公厅联合印发了《关于组织开展“5G+智慧教育”应用试点项目申报工作的通知》，目的是培育一批以5G为代表的新一代信息通信技术与教育教学创新融合的典型应用，树立一批可复制推广、可规模应用的发展标杆。

在 5G+ 智慧教育应用领域，北京出现了一些重要示范案例。

案例一，北京联通联合国家开放大学推出“5G+AI 智慧教育”，重点突出 5G 全息智慧教室、5G+4K 远程互动、虚拟演播室等特色功能。

案例二，北京联通联合中央音乐学院推出“5G+ 智慧音乐教育”，重点突出 5G+4K 远程互动音乐教学和 AR/VR 乐器百科等特色应用。

案例三，中国电信联合北京航空航天大学推出“5G+ 教育科研创新融合”，主要特色是“5G+ 人工智能 + 大数据”远程智能实验室提供超高清全息视频远程直播教学，可以实现沉浸式虚拟仿真实验，“5G+VR+ 无人机全景直播示范应用”可以远程实现无人机教学。

案例四，北京移动联合华为公司推出 5G+AI 智慧教育方案，提供 5G 校园专网，利用 MEC 边缘计算支持平安校园、智慧课堂、远程教学等需要大带宽、低时延的新型业务，推出了 5G+AI 智慧课堂和 5G+AI 平安校园等智慧教育业务。

（4）5G+ 融合媒体

5G 给媒体发展带来了巨大推动机遇，媒体融合从“5G+ 超高清视频回传”进入“5G+ 融合生产运营”阶段。2019 年，中央电视台分别实现了 5G+4K 和 5G+8K 的超高清直播。2020 年 1 月北京两会期间，北京电视台采用“5G+ 边缘云化制作技术”支撑两会报道，实现新闻现场与电视台新闻云数据库实时连接，编辑素材和撰写稿件可在两地同步完成。2020 年 7 月，北京电信和新华网打造的新华云 2.0 提供的云上融合新方案，能够实现采编播发全流程在云上完成。

2021 年 1 月北京两会期间，北京广播电视台将“5G+VR”技术应用于对人大、政协会场的报道，上线“VR 全景看两会”专区，并且实现对两会访谈节目《市民对话一把手》的 VR 实时直播。

此外，中国广电已经完成在冬奥部分赛区、奥运村及人口聚集区的 700MHz 信号覆盖，在 2022 年北京冬季奥运会为主赛区 5G 用户提供了超高清直播服务、多机位服务、VR/XR 直播等新型广播服务。

2021 年 12 月，《北京市广播电视局关于推动广播电视和网络视听高质量发展的意见》发布，提出要构建智慧广电发展新生态，推动 5G+8K 赋能首都广电提质升级。

（5）5G+ 智慧物流

2019 年，京东物流开始建设国内首个 5G 智能物流示范园区北京“亚洲一号”，公布了基于 5G 技术建设的京东物流智能物流平台 LoMir。通过 5G+ 高清摄像头，不仅可以实现人员的定位管理，还可以实时感知仓内生产区的拥挤程度，及时进行资源优化调度，提高生产效率；5G 与工业物联网的结合，可以对园区内的人员、资源、设备进行管理与协同；5G 还能帮助园区智能识别车辆，并智能导引货车前往系统推荐的月台进行作业，让园区内的车辆更加高效有序。

2021 年 11 月，京东物流联合北京电信发布 5G 全连接智能仓，实现仓内 AGV、AMR、穿梭车、叉车等自动化设备的稳定安全运行，同时有效降低硬件成本与维护难度，提升仓内商品入库存储、拣选、搬运、分拣等全流程物流作业的运行效率，推动物流行业智能仓储大规模调度系统及智能装备技术的应用。项目获得世界 5G 大会 5G 应用揭榜赛一等奖等奖项。11 月 30 日，位于北京大兴国际机场临空经济区内的京东 5G 智能物流产业园项目开工，竣工后将进一步提升京津冀地区物流数字化水平。京东 5G 智能物流产业园项目总用地规模 95 076 平方米，规划总建筑面积 67 824 平方米，包括 3 座智能化仓库及 1 座冷库。

（6）5G+ 智慧医疗

智慧医疗是 5G 最早落地的应用场景之一。5G 具备“高通量、低时延、大连接”等特点，在医学服务的数字化、移动化、远程化、智能化方面极具潜力。北京不仅是 5G 新基建的重要城市，医疗资源也非常丰富，5G+ 智慧医疗一直以来走在全国的前列。

早在疫情出现之前，5G 就在医疗领域崭露头角。2019 年 8 月 27 日，北京积水潭医院通过远程系统控制平台与天津市第一中心医院、克拉玛依市中心医院、张家口市第二医院连接，北京积水潭医院院长田伟交替对三地手术机器人进行抓取、规划手术方案并远程操控，成功进行三地的远程手术。

2020 年 11 月 26 日，工业和信息化部、国家卫生健康委员会发布《关于组织开展 5G+ 医疗健康应用试点项目申报工作的通知》，到 2021 年 8 月公布的名单，按照 8 个领域方向，一共征集入选 988 个项目，其中北京入选项目 129 个，占 13.06%。如表 15 所示。

表 15　5G+ 医疗健康应用试点项目申报情况

序号	方向	北京市项目数量	全国项目数量	比例 /%
1	5G+ 急诊救治	19	196	9.69
2	5G+ 远程诊断	22	216	10.18
3	5G+ 远程治疗	10	40	25
4	5G+ 远程重症监护	7	50	14

（续表）

序号	方向	北京市项目数量	全国项目数量	比例 /%
5	5G+ 中医诊疗	18	96	18.75
6	5G+ 医院管理	7	84	8.33
7	5G+ 智能疾控	5	35	14.28
8	5G+ 健康管理	38	252	15.08
9	其他	3	19	15.79
合计		129	988	13.06

（7）5G+ 自动驾驶

北京在车联网管理政策创新、道路开放里程、产业生态建设方面一直走在全国前沿。2020 年 6 月 10 日，《北京市加快新型基础设施建设行动方案（2020—2022 年）》提出，将在 3 年内铺设网联道路 300 千米，建设超过 300 平方千米自动驾驶示范区的整体目标。到 2021 年 11 月 25 日，开放测试道路 278 条，总长 1 028 千米，安全测试里程突破 313 万千米。在经开区建成全球首个高级别自动驾驶示范区 1.0 阶段，在全球率先实践“车路协同”技术路线，创建了无人出租、无人配送、无人清扫等场景，云控平台基础架构搭建完成，车用高精度地图采集制作完成，车端组合导航数据和运行数据实现实时上传，云端驾驶控制信息实时下发。

工业和信息化部为贯彻落实中央经济工作会议部署和《国务院关于进一步扩大和升级信息消费持续释放内需潜力的指导意见》，加速提升产业供给能力，进一步释放内需潜力，助力经济平稳运行。

第五节　数字消费新业态新模式活跃

北京一直以来重视数字消费新业态新模式的培育，在区块链领域和直播经济方面，通过龙头企业牵引，推动相关领域的生态产业链建设。

一、布局区块链产业生态——长安链生态联盟

长安链是国内首个自主可控的区块链软硬件技术体系，具有全自主、高性能、强隐私、广协作的特性。2021 年年初，在科技部、工信部、国务院国资委等部委及北京市政府联合指导下，国家电网、中国建设银行、央行数研所、腾讯、微芯研究院等 27 家成员单位在北京共同发起成立长安链生态联盟。到 6 月 10 日，中国石化、中国电信、中国电子、国机集团、中国铝业、中国远洋、中国银行等 23 家单位加入长安链生态联盟，共建长安链生态，联盟成员达 50 家，囊括了 27 家央企、28 家世界 500 强企业。除了积极推动长安链生态建设，北京还在基础设施和应用场景方面加大对长安链的支持。

北京市启动建设全球性能领先的区块链先进算力平台，拥有超过 20 万个区块链计算单元。该平台建成后可支撑超过 100 万个节点、每秒处理交易峰值突破 100 万笔的超大规模区块链网络运行。在数字政府建设方面，长安链支撑了 140 余个政务服务业务应用场景，促进了

57 个市直部门 2.8 万类数据项、327 亿条数据的共享。此外，长安链也已在智慧城市、食品安全、通关便利化等多个数字政务应用场景落地。

二、推动直播经济生态建设

北京鼓励重点单位发挥龙头企业牵引作用，打造直播带货生态。

1. 成立信息消费共同体，举办信息消费节推动直播生态建设

北京推动信息消费龙头企业成立了信息消费共同体，连续两年组织北京信息消费节，联动全市 10 余个重点商圈、300 余家品牌企业、2 000 余家门店，开展百余项促消费活动，组织北京苏宁、小米、京东、值得买科技、居然、网易有道等企业发放智能和信息消费券，组织苏宁、曲美、贝壳、多点、依文等多家企业开设直播间，组织抖音、快手、北京时间等平台网红主播和企业高管参与直播带货，共同推动信息消费共同体企业布局直播生态建设。

2. 推动龙头企业京东建设直播生态

京东将直播定位为“营销场”，在此基础上建设直播生态，包括：一是“专业人带专业货”和“打造京东直播 IP 差异化”，在一次 618 活动中京东邀请了 300 余位明星、600 余位总裁和众多行业垂类达人带货；二是全场景直播带货，线下线上融合，如“直播万里行”在 618 期间走进全国近百个城市，覆盖近 200 家京东之家和电脑数码线下门店、15 家珠宝品牌门店、20 个云基地、10 个生鲜产业带基地、50 个大城市；三是全新内容生态，短视频推出“专业种草全民趴”活动，618 期间，共有超 10 万位种草官入驻。

第六节　数字消费内容标杆企业进入全球前列

北京作为全国文化中心和科技创新中心，以文化科技为主营业务的数字内容消费企业发展迅猛，北京文化科技领域独角兽企业占全国一半以上，部分标杆企业在总体收入排名中处于全球前列。如表 16 所示。

表 16　2023 年全球数字内容产业收入前 10 位企业排行

收入排名	企业	收入/亿元	总部所属区域
1	Alphabet	11 499.2	美国加州
2	Meta	5 484	美国加州
3	腾讯	4 820	中国深圳
4	字节跳动	2 366	中国北京
5	Netflix	1 575	美国加州
6	百度	1 071	中国北京
7	索尼	825	日本东京
8	快手	588	中国北京
9	网易	546	中国北京
10	暴雪	509	美国加州

一、数字内容综合平台

1. 字节跳动

字节跳动集团是一家涵盖社交平台（今日头条）、短视频平台（抖音及抖音国际版）、游戏平台（朝夕光年）、教育平台（大力教育）、搜索平台等，提供数字内容服务的综合平台。主要业务板块包括：抖音、抖音电商、大力教育、飞书、火山引擎、朝夕光年和 TikTok。抖音板块包括：今日头条、西瓜视频、搜索、百科以及国内垂直服务业务，负责国内信息和服务业务的整体发展，是字节跳动最成熟的业务。TikTok 为抖音的国际版，包含海外电商等延伸业务。抖音电商负责国内电商业务。大力教育板块覆盖智慧学习、成人教育、智能硬件、校园合作等领域，员工数量最多时超过 1 万人，2021 年出现大规模裁员。飞书板块包括 EE（企业效率部门）、EA（企业应用部门）。火山引擎板块主要业务为企业级技术云服务。朝夕光年板块负责游戏研发与发行。

2. 百度

百度成立于 2000 年 1 月，由李彦宏创立，一开始定位为搜索引擎技术公司。最近 10 年，百度在深度学习、对话式人工智能操作系统、自动驾驶、AI 芯片等前沿领域进行了投资。目前，百度将自己定位为一个拥有强大互联网基础的领先 AI 公司。

百度最高峰的时候每天响应来自 100 余个国家和地区的数十亿次搜索请求，是网民获取中文信息和服务的最主要入口，服务着 10 亿互联网用户。主要业务板块包括：搜索、百家号、营销云、智能云。

二、数字媒体平台

1. 新浪微博

新浪微博既是社交平台，同时也是数字阅读平台，于 2009 年 8 月上线。2014 年 3 月 27 日，新浪微博正式更名为微博。2014 年 4 月 17 日晚，新浪微博正式登陆纳斯达克。

新浪微博 CEO 王高飞，毕业于北京大学计算机专业。2000 年 8 月加入新浪，2006 年 11 月至 2012 年 11 月，王高飞担任新浪无线总经理，全面负责新浪无线业务。2008 年 10 月起担任新浪副总裁。2013 年 5 月，王高飞担任新浪高级副总裁，2014 年 2 月王高飞担任微博首席执行官。

新浪微博 2020 年营收达 16.9 亿美元，净利润达到 2.127 亿美元，月活跃用户规模达到 5.21 亿，员工约有 5 430 人。

2. 新华网

新华网是国家通讯社新华社主办的综合新闻信息服务门户网站，是中国最具影响力的网络媒体和具有全球影响力的中文网站。用户遍及 200 多个国家和地区，桌面端日均页面浏览量超过 1.2 亿，移动端日均覆盖人群超过 3 亿。

2016 年 10 月，新华网股份有限公司在上海证券交易所挂牌上市。

2020 年新华网营收为 14.33 亿元，净利润约为 1.65 亿元。

2021 年新华网前三季度营收 10.48 亿元，利润为 1.1 亿元。

3. 人民网

人民网是《人民日报》主办的大型网上信息交互平台。2012 年 4

月 27 日，人民网在上海证券交易所上市交易。2020 年，人民网营业收入 21 亿元，净利润 3.18 亿元。

2021 年前三季度，人民网营收达 12.85 亿元，利润为 0.79 亿元。

三、数字视频内容平台

1. 快手发展概况

2011 年，快手的前身“GIF 快手”诞生于北京的一个民宅，创始人为程一笑。2013 年宿华加入，当年主要产品由工具转型为短视频社交平台。

程一笑毕业于东北大学，先后在惠普和人人网从事软件开发工作。宿华毕业于清华大学，先后在 Google、百度从事搜索引擎工作，之后连续创业。快手是宿华的第三次创业。截至 2020 年 12 月 31 日，快手有 2.15 万名全职雇员，全年收入为 588 亿元。

2021 年 2 月 5 日，快手在香港上市。2021 年前三季度，快手主营业务收入为 566.51 亿元。前三季度累计亏损达到 219 亿元。月活跃用户 5.7 亿,其中海外月活跃用户数在 6 月份达到 1.8 亿。与字节跳动相比，快手的业务板块相对集中，主要为视频、线上营销、电商三大部分。

2021 年第三季度，线上营销成为快手收入的第一大来源，占比达到 53.2%；直播占比达到 37.7%；包括电商在内的其他服务收入占比为 9.1%。

2. 爱奇艺

2010 年，百度投资创办爱奇艺，龚宇成为创始人，企业定位为综合视频娱乐平台。龚宇于清华大学自动化系获得自动控制理论及应用工学博士学位。1999 年，龚宇曾创立焦点网，焦点网于 2003 年被搜狐收购，龚宇后任搜狐公司首席运营官。

2018 年，爱奇艺正式在美国纳斯达克上市。2020 年，爱奇艺有 7 721 名雇员。

2018—2020 年，爱奇艺营收分别为 250 亿元、290 亿元、297 亿元，同期净亏损依次为 91 亿元、103 亿元、70 亿元，三年净亏损共计 264 亿元。

2021 年 11 月 17 日，爱奇艺发布三季报，其营业收入为 231.66 亿元，同比增长 4.12%，净亏损为 44.06 亿元，亏损同比减少 19.83%。在运营数据方面，截至 2021 年三季度末，爱奇艺的订阅会员规模达到 1.036 亿。

业务板块：2015 年，龚宇正式提出包含多元娱乐服务的“苹果树”商业模式，并逐步构建起包含广告、会员、经纪、打赏、出版、发行、授权、游戏、电商等“一鱼多吃”的商业模式。会员、广告、内容分发是爱奇艺的主营业务。

四、游戏动漫

1. 网易游戏

2001 年，网易正式成立在线游戏事业部，推出自主开发的角色扮演游戏《大话西游》和《大话西游 2》。2002 年 10 月，网易互动娱乐有限公司正式成立。

2018 年 8 月 11 日，网易游戏与国外知名 VR 游戏研发商 Survios 达成战略合作，为中国玩家带来更多优质的 VR 游戏体验。

截至 2019 年 12 月 31 日，网易拥有 20 797 名全职员工。其中，研发团队有 10 279 名员工，主要来源于游戏团队。

2017—2020 年，在线游戏服务净收入分别为 362.82 亿元、401.9 亿元、464.23 亿元和 546 亿元。

2021 年前三季度，网易游戏收入为 454 亿元。

2. 完美世界

完美世界的前身洪恩教育诞生于 1996 年，初期主营业务为电脑教育软件开发。创始人为池宇峰，毕业于清华大学化学系。1997 年底进入 3D 游戏领域。2004 年，池宇峰单独成立游戏公司北京完美时空（2011 年更名为完美世界）网络技术有限公司，推出 3D 网络游戏《完美世界》。

2007 年，完美时空在美国纳斯达克挂牌上市，当年海外游戏出口额就超过了 2 000 万美元。

2008 年，完美世界进入影视行业，成立北京完美影视传媒有限责任公司，2011 年推出《失恋 33 天》。2014 年 12 月 19 日，完美影视通过借壳金磊股份登陆 A 股市场，更名为完美环球。

2015 年 7 月，完美世界从美国纳斯达克退市。2016 年 7 月，游戏业务注入完美环球，更名为完美世界，主营业务包括网络游戏与影视。

根据 2020 年报，完美世界员工约 5 800 人，其中研发人员占 2/3。完美世界在 2020 年内营收 102.25 亿元，净利润约为 15.49 亿元。

2021 年三季报显示，公司实现营业收入 67.39 亿元，净利润 8 亿元。

3. 搜狐畅游

2002 年 7 月，搜狐公司成立游戏事业部，即搜狐畅游的前身。2003 年推出《天龙八部》,成为广受欢迎的大型多人在线角色扮演游戏，2007 年 12 月从搜狐拆分出来成为一家独立运营公司。

2009 年 4 月，畅游在纳斯达克全球精选市场上市。

2020 年 4 月，搜狐完成收购畅游公司全部流通股票，畅游成为搜狐全资私有公司。2020 年，搜狐在线游戏收入为 5.37 亿美元，游戏业务净利润为 5 100 万美元。

2021 年三季报显示，搜狐游戏总收入为 4.94 亿美元。2021 年总平均月度活跃用户数为 660 万，较去年同期增长 25%。

4. 掌趣科技

2004 年 8 月，北京掌趣科技股份有限公司成立。2005 年，公司确立移动游戏开发和运营为主营业务方向，并与中国移动、中国联通、中国网通、中国电信全网业务合作。

2010 年，长期从事软件技术工作的刘惠城投身游戏领域，成立了天马时空，从页游起步。2014 年，天马时空推出爆款游戏《全民奇迹》。2012 年 5 月,掌趣科技在深圳证券交易所创业板挂牌上市。2015 年 2 月，掌趣科技以 30.41 亿元收购天马时空 80% 股权。刘惠城也成为掌趣的核心成员之一。2021 年上半年，掌趣科技营收为 8.19 亿元，净利润为 1.87 亿元。

五、在线阅读

在线阅读领域，北京企业走在全国前列。在知名的企业当中，北京企业约占 1/2。其中，掌阅科技、中文在线、知乎、点众成为全国知名品牌。

1. 掌阅科技

掌阅科技股份有限公司成立于 2008 年 9 月。与国内外上千家出版公司、文学网站等建立了良好合作关系，为用户提供数字阅读服务。

2011 年，掌阅从付费模式改为免费模式再回到收费模式。2017 年 9 月 21 日，掌阅科技股份有限公司在上海证券交易所挂牌上市。2020 年收入 20.6 亿元，同比增长 9.47%；归属于上市公司股东的净利润 2.64 亿元，同比增长 64.07%，如表 17 所示。

表 17　掌阅科技历年收入与利润情况

	2016 年	2017 年	2018 年	2019 年	2020 年	2021 年前 3 季度
收入 / 亿元	11.98	16.67	19.03	18.8	20.6	15.97
利润 / 亿元	0.772	1.237	1.39	1.61	2.64	1.49

2. 中文在线

2000 年，中文在线在清华大学校内诞生。目前公司共拥有数字内容资源过百万种，签约知名作家、畅销书作者 2 000 余位，拥有驻站网络作者超过 80 万名，为用户提供数字阅读服务。创始人童之磊毕业于清华大学，2000 年创立中文在线，2011 年推出原创小说阅读网，2015 年中文在线在深交所创业板上市。2020 年，公司实现营业收入 9.76 亿元，净利润为 4 892.3 万元。2021 年前三季度，中文在线实现营收 8.51 亿元，净利润为 5 739.57 万元。

3. 知乎

知乎是中文互联网高质量的问答社区和创作者聚集的原创内容平台，于 2011 年 1 月正式上线，并于 2021 年 3 月 26 日晚间在纽交所挂牌上市。

创始人周源先后毕业于成都理工大学和东南大学，获得软件工程专业硕士学位。毕业后，他曾担任数据库开发工程师和《IT 经理世界》杂志社记者。2007 年，他和同事创建了一个网站，创办次月流量就超过了《IT 经理世界》主站的流量；2008 年，第一次创业失败；2010 年，他第二次创业，创建了知识问答社区——知乎。

2021 年知乎第三季度财报显示，知乎前三季度营收为 8.24 亿元，净亏损为 1.124 亿元，月活跃用户为 1.012 亿。

4. 点众科技

点众科技成立于 2011 年 9 月，主营业务包括手机阅读业务、手机阅读运营支撑服务和原创内容版权交易业务。

创始人陈瑞卿毕业于浙江大学计算机系软件专业，曾从事软件开发工作，后负责中国移动旗下“移动梦网”业务的整体规划、标准制订、产品设计和研发、平台建设。

2016 年，点众科技推出了以“点众快看小说”为主的自有 H5 网站业务。2018 年，点众科技推出了“西瓜免费小说”App 与“华为阅读”App。点众科技在 2017 年、2018 年、2019 年、2020 年的收入分别为 3.21 亿元、5.06 亿元、9.23 亿元、17 亿元。

六、数字营销汽车之家

汽车之家由李想创立，于 2005 年 6 月正式上线，2013 年 12 月 11 日，汽车之家登陆纽交所。2016 年 6 月，平安以 16 亿美元收购汽车之家 47.4% 的股权成为最大股东。目前，龙泉担任汽车之家董事长兼 CEO。2020 年，汽车之家全年总营收 86.6 亿元，净利润 36.21 亿元。2021 年，前三季度营收为 55.42 亿元，净利润为 19.98 亿元。

七、值得买科技

“什么值得买”网站创建于 2010 年 6 月，2012 年推出“什么值得买”App。成立时致力于解决消费过程中的信息不对称问题，如今已成为集导购、媒体、工具、社区属性于一体的消费内容社区。

值得买科技创始人隋国栋毕业于同济大学土木系，于 2003 年注册“值得买”域名，2010 年 6 月，“什么值得买”网站成为电子产品交流社区，聚集了一批极客。

2016 年 1 月，“什么值得买”获得华创资本 1 亿元融资。

2019 年 7 月，北京值得买科技股份有限公司登陆深交所创业板。

2016 年收入 2.01 亿元，利润 3 516.37 万元；2017 年收入 3.67 亿元，利润 8 624.14 万元；2018 年收入突破 5 亿元，利润为 9 571.92 万元；2019 年值得买营业收入为 6.62 亿元，净利润 1.19 亿元；2020 年收入 9.1 亿元，利润 1.57 亿元。

八、教育科技网易有道

网易有道是网易旗下利用大数据技术提供移动互联网应用的子公司。网易有道公司已推出有道词典、有道精品课、有道翻译官、有道云笔记、惠惠网、有道推广等一系列产品。

有道 CEO 周枫于 2014 年加入网易，成为公司新搜索服务的搜索平台的主架构师。2006 年，有道搜索上线。2017 年 8 月，网易正式任命周枫为搜索业务高级副总裁，主管网易新成立的搜索部门，负责搜索技术、产品开发和搜索广告。

2007 年 12 月，网易推出有道词典。2011 年到 2014 年间，推出有道云笔记、惠惠网，并进军互联网教育行业。

2018 年 4 月，网易有道完成首次战略融资，投后估值 11.2 亿美元，跻身独角兽阵营。

2019 年 10 月，网易有道在纽交所上市。

2019 年全年营收 13 亿元，净亏损为 6.374 亿元；2020 年收入 31.7 亿元，净亏损 17.5 亿元。2021 年前三季度营收为 33.42 亿元，亏损 6.81 亿元。目前，网易有道的主营业务为成人教育、素质教育、教育硬件及教育信息化四大领域。

第七节　数字消费专精特新“小巨人”稳步增加

“专精特新‘小巨人’企业”是政府为推动中小企业高质量发展而推出的一项重要政策措施。这类企业专注于细分市场，具有较强的创新能力，并掌握关键核心技术，能够在产业链中具备较强的竞争力和影响力。政策旨在推动企业走“专精特新”（专业化、精细化、特色化、新颖化）发展道路，鼓励中小企业在技术创新、管理提升和国际化竞争力等方面发挥独特作用，助力国家实现产业升级和经济结构优化。

2019 年 6 月，工业和信息化部公布了第一批专精特新“小巨人”企业 248 家，其中，北京企业 5 家（数字消费企业 0 家）。

2020 年 12 月，工业和信息化部公布了第二批专精特新“小巨人”企业 1 744 家，其中，北京企业 92 家（数字消费企业 5 家）。

2021 年 7 月，工业和信息化部公布了第三批专精特新“小巨人”企业 2531 家，其中，北京企业 166 家（数字消费企业 12 家）。

第八节　数字人民币试点有序推进

数字人民币是北京建设国际消费中心城市和建立跨境贸易结算体系的重要基础设施。作为首批试点城市和全面深化试点地区，北京在技术手段、法律法规、基础条件等方面具有巨大优势。

2021 年 1 月，京东集团试点发行数字人民币，拉开了北京地区数字人民币试点的序幕。2 月，北京举行“数字王府井冰雪购物节”活动，围绕冰雪运动以及衣、食、住、行、游、购、娱等方面，打造冬奥消费的全场景试点数字人民币。北京农业银行、邮储银行、交通银行等纷纷开放数字人民币功能。

4 月，“欢乐通州 · 欢乐购”活动方组织通州区内各大商业企业、银行及商圈等，举办全场景数字人民币试点活动。

6 月与 12 月，北京市启动两轮“京彩奋斗者数字嘉年华”数字人民币试点活动，覆盖北京市近 2 000 家指定商户和冬奥会无人售货车、自助售货机、无人超市等创新应用场景以及可穿戴支付设备。

第五章　现存问题

基于前文的分析可知，数字消费已经初步崭露头角，但当前北京市数字消费的发展仍然面临以下六方面的突出问题。

一是数字消费基础设施建设存在区域间的不均衡，对京津冀地区的整体辐射效应未能充分发挥。基础设施建设的不均衡导致了京津冀地区各城市在数字消费能力和水平上的差距。北京市作为首都，其数字基础设施相对完善，5G 网络、千兆固网等新型基础设施建设走在全国前列。然而，河北和天津的一些地区，特别是偏远和经济相对落后的地区，数字基础设施仍存在明显短板。这种不均衡导致不同区域在数字消费发展的起点和水平上存在显著差异，使北京市的数字消费辐射能力难以有效带动周边地区的发展。此外，数字消费场景和应用的推广也受到基础设施不均衡的影响。北京市在数字消费新场景建设方面进展迅速，如智慧商圈、智慧家庭、无人超市等新场景的普及带动了市民数字消费习惯的快速转变。而在河北和天津的部分地区，由于基础设施的限制，这些新兴数字消费场景的推广和应用相对滞后，未能形成规模效应。这不仅制约了当地数字经济的发展，也削弱了京津冀地区整体的协同效应。与此同时，数字经济发展的区域不平衡还导致了资源配置和政策支持的失衡。北京市作为全国数字经济的领头羊，吸引了大量的数字消费企业、技术创新资源以及政策扶持措施，而河北和天津在这些方面相对薄弱，缺乏足够的资源投入和政策支持。这种资源和政策的集中效应，进一步加剧了京津冀区域内数字消费发展的不平衡，使北京的数字经济成果难以有效溢出到周边地区。

二是数字消费场景创新构建不足，对消费者的拉动效应仍有欠缺，这一问题主要表现为以下几个方面。首先，现有的数字消费场景设计和应用缺乏创新性和多样性，未能充分激发消费者的消费欲望和参与热情。尽管北京在智慧商圈、智慧家庭等领域进行了初步探索，但这些场景大多停留在基础应用层面，未能形成具有广泛吸引力和高度参与感的消费环境。例如，许多智慧商圈的建设仅限于基础设施的数字化改造，缺乏进一步的场景创新和用户体验提升。这种局限性导致消费者对新型数字消费场景的感知度不高，难以激发其消费热情，缺乏主动参与的动力。其次，数字消费场景的推广力度不够，覆盖面有限，难以形成大范围的消费拉动效应。北京市的数字消费场景主要集中在核心商业区和部分高端社区，而在广大的普通社区和外围区域，数字消费场景的应用尚未得到有效推广。这种局部性的发展模式，使数字消费场景难以触达更广泛的消费者群体，导致整体市场的拉动效应不足。例如，智慧家庭和智慧社区的建设虽然在部分高端小区取得了一定成效，但在中低收入人群聚集地区的普及率仍然较低，无法实现对大众消费的广泛覆盖。再次，数字消费场景与传统消费场景之间的融合度不高，难以形成线上线下联动的综合消费体验。尽管北京在数字消费领域进行了多项创新尝试，但与线上线下场景的融合仍存在较大差距。传统消费场景的数字化改造往往流于形式，未能真正实现与数字消费场景的无缝对接。例如，许多线下商场虽然引入了数字支付、智能导航等基础设施，但消费者的购物体验并未因此发生质的改变，数字技术的应用更多停留在辅助工具层面，而非提升整体消费体验的核心要素。这种割裂的场景体验，限制了数字消费的进一步扩展和深化。最后，数字消费场景的内容创新不足，对消费者的吸引力和黏性不够。当前的数字消费场景中，缺乏具有持续吸引力的内容供给，尤其是在数字文化、数字娱乐等方面，创新性和独特性不足。这导致消费者在短期体验后，容易产生审美疲劳，难以形成长久的消费习惯和品牌忠诚度。例如，线上购物和直播带货虽然一时风靡，但由于缺乏持续的内容创新和场景更新，消费者的热情逐渐减退，市场增长趋于放缓。

三是数字消费供给侧改革存在困难，“内容为王”在北京市数字消费发展中体现不够。首先，北京市数字消费的内容供给质量参差不齐，缺乏具有核心竞争力的高质量内容。尽管北京市在数字基础设施和技术应用上取得了显著进展，但在内容创作和供给方面，存在明显的短板。很多数字消费平台和应用虽然具备先进的技术，但内容的丰富性和创新性不足，导致用户的使用黏性不高。例如，在数字文化和数字娱乐领域，北京虽然拥有丰富的文化资源，但这些资源未能充分转化为具有市场吸引力的数字产品，内容的原创性和独特性不够突出，使整体消费体验大打折扣。其次，数字内容生态尚未形成完善的产业链，内容创作、传播和变现环节之间的衔接不畅。这种供给侧的结构性问题，制约了优质内容的生产和推广，导致数字消费市场上充斥着大量同质化、低质量的内容，难以满足消费者日益多样化的需求。特别是在内容变现方面，由于缺乏有效的机制和平台，许多优质内容难以通过市场获得应有的回报，创作者的积极性受到影响，进一步加剧了内容供给的困境。再次，数字内容的创新能力不足，难以引领消费潮流并形成强大的市场竞争力。北京市虽然拥有丰富的文化和科技资源，但在将这些资源转化为数字消费内容的过程中，创新动力不足，缺乏具有突破性的内容形式和表现手段。很多内容仍停留在传统的生产和传播模式上，未能充分利用数字技术的优势进行深度开发和创新。这种创新能力的不足，使北京在全球数字内容市场中的竞争力相对较弱，难以吸引和留住高质量的用户群体。最后，内容供给的多样性和包容性不足，难以满足不同消费群体的需求。目前，北京市数字消费内容多集中在少数热门领域，而忽视了其他潜在的市场和用户群体。这种内容供给的单一性，使市场呈现出过度集中的现象，导致部分用户需求无法得到满足，制约了市场的进一步扩展。例如，针对老年人、儿童、特殊兴趣群体的内容供给明显不足，无法覆盖到更广泛的用户群体，影响了数字消费的全面发展。

四是数字消费整体生态系统尚未构建完成，体系内协同效能不强。其一，数字消费生态系统中各个环节之间的协同不足，导致整体效能的发挥受到限制。数字消费涉及多层次、多领域的协作，包括基础设施建设、内容供给、平台运营、用户体验等多个环节。然而，这些环节之间的连接和互动性不强，导致系统内部的资源无法得到有效整合和利用。例如，虽然北京市在数字基础设施方面已经具备了一定的优势，但这些优势未能充分转化为提升内容创作、平台运营和用户服务的综合效能。这种断裂和缺乏协同的现象，直接影响了整体数字消费生态系统的效率和效果。其二，产业链上下游之间的联动性不够，难以形成完整的数字消费生态闭环。北京市的数字消费生态系统中，内容提供者、技术平台、服务商和用户之间的联系仍然松散，各自为战的现象较为普遍。由于缺乏有效的联动机制，内容生产商无法及时获取用户反馈，技术平台无法有效支持内容创新，用户需求也难以被迅速响应。这种上下游之间的联动缺失，使生态系统难以实现高效运转，进而削弱了市场的整体活力和竞争力。其三，政府、企业和用户之间的互动机制尚不完善，导致政策实施和市场反应脱节。北京市虽然出台了一系列促进数字消费发展的政策，但在落实过程中，政府、企业和用户之间的沟通与合作机制尚未成熟，政策的执行效果受到影响。企业在实施政策过程中，往往难以获取政策支持的细节和方向，用户的需求和反馈也未能及时传达到政策制定者手中。这种信息的不对称和反馈机制的缺失，进一步制约了数字消费生态系统的优化和完善。其四，数字消费生态系统中数据的互通性和共享性不足，影响了整体协同效能的提升。数据作为数字经济的重要资源，其共享和流通对于生态系统的健康发展至关重要。然而，北京市在数据治理和共享机制方面仍存在不足，数据孤岛现象普遍存在。各个企业和平台之间的数据壁垒，导致信息流通不畅，无法形成有效的数据驱动决策。这不仅限制了企业之间的协同创新能力，也影响了整体市场对消费者需求的精准把握和快速响应。

五是数字消费标杆企业的培育不够，现有标杆企业的影响力与首都的形象和地位不完全匹配，这一问题主要体现在以下几个方面。首先，北京市现有的数字消费企业在规模和影响力上，与首都的国际形象和地位存在明显差距。尽管北京聚集了大量的科技企业和创新资源，但在数字消费领域中，真正能够在全国乃至全球市场上产生广泛影响的标杆企业仍然较少。许多企业虽然在技术创新和市场拓展方面表现出色，但在品牌影响力和市场领导力上，与国际一线企业相比仍有较大差距。这种影响力的不足，使北京难以在全球数字消费市场中占据主导地位，限制了首都作为全球数字经济中心形象的塑造。其次，数字消费领域的企业普遍存在规模化发展的瓶颈，难以形成具有持续竞争力的企业集团。虽然北京拥有丰富的创新创业资源和良好的政策支持环境，但在数字消费领域，企业从初创到规模化发展的路径并不顺畅。许多企业在初期发展迅速，但在进入规模化扩张阶段时，往往面临资金、人才、市场拓展等多方面的挑战，难以形成具有持续竞争力的大型企业集团。这导致北京数字消费产业整体上呈现出“多而不强”的局面，缺乏能够引领行业发展的龙头企业。再次，现有的标杆企业在全球市场上的话语权和竞争力不足，难以代表首都的数字消费水平。尽管北京的一些企业在国内市场上取得了一定的成功，但在全球范围内，能够形成广泛影响力的企业仍然屈指可数。特别是在技术创新、市场占有率和品牌知名度等方面，北京的企业尚未形成足够的国际竞争力。这种局面使北京在全球数字消费市场中的地位和话语权相对有限，难以真正发挥首都应有的引领作用。最后，数字消费领域的企业生态尚未形成，缺乏系统性的企业培育机制和产业链整合能力。北京市虽然有一批具备潜力的初创企业和中小企业，但由于缺乏系统性的支持和引导，这些企业难以在激烈的市场竞争中脱颖而出，成长为行业标杆。产业链上下游之间的合作和资源整合也相对薄弱，企业在技术研发、市场拓展、品牌建设等方面，缺乏协同效应。这进一步削弱了企业的市场竞争力和行业影响力。

六是数字消费环境仍有待规范，营商环境有待进一步完善。首先，在快速发展的数字经济中，新的消费模式和商业形态层出不穷，现有的法律法规和监管措施难以完全覆盖这些新兴领域。这导致了一些不良商业行为的滋生，如虚假宣传、数据滥用、价格歧视等问题，这不仅损害了消费者的权益，也扰乱了市场秩序。例如，在电子商务平台上，部分商家利用大数据技术对不同消费者实施差异化定价，这种“杀熟”现象在消费者中引起了广泛的不满，但由于缺乏明确的法律规范，监管部门难以对此进行有效约束。其次，数据安全和隐私保护问题突出，影响了消费者对数字消费环境的信任度。随着数字技术的普及和应用，消费者在享受便利的同时，也面临着数据泄露和隐私侵害的风险。北京市在推动数字消费的过程中，虽然在数据安全方面作出了一些努力，但整体来看，数据治理的体系仍不完善，数据安全事件时有发生，消费者对个人信息的使用和保护感到担忧。这种信任危机严重影响了消费者对数字消费的积极性，进而制约了市场的发展。再次，营商环境中的市场准入和竞争机制存在问题，影响了中小企业的发展活力。在北京市，虽然数字消费市场总体规模庞大，但中小企业在进入市场和参与竞争时，仍然面临诸多障碍。市场准入门槛高、审批流程烦琐、政策落实不到位等问题，使中小企业难以在激烈的市场竞争中立足。此外，市场竞争的不公平现象也较为严重，一些大型企业凭借资源优势和政策倾斜，垄断市场资源，挤压了中小企业的生存空间。这种不公平的竞争环境，不仅影响了市场的健康发展，也削弱了整个数字消费产业的创新活力。最后，消费者权益保护机制不完善，加剧了市场环境的复杂性。尽管北京市在加强消费者权益保护方面采取了一些措施，但整体上，针对数字消费的投诉处理机制和争议解决机制仍然不够完善，消费者在遭遇问题时往往难以得到及时和公正的处理。特别是涉及跨平台、跨领域的消费纠纷时，现有的维权渠道显得滞后和繁杂，消费者的合法权益难以得到有效保障。这种情况导致了消费者对数字消费环境的不满和抵触情绪，进一步阻碍了市场的健康发展。

第六章　发展对策

未来，北京将准确把握数字消费发展的新趋势，全面聚焦打造“数字+”消费新典范。以数字赋能消费创新发展为主线，加快布局高能级的数字消费基础设施，积极打造高层次的数字消费新场景。不断丰富高品质的数字消费新供给，持续优化高效能的数字消费新生态。这些举措将加速推动形成高质量的数字消费发展新高地，为北京市及京津冀地区经济社会的可持续创新发展注入全新动能与活力。

第一节　加快布局高能级的数字消费新基建

加快推进千兆固网和 5G 网络建设，持续开展 OLT 上联组网优化工作，以及对老旧小区、工业园区、商业设施等的网络改造升级。积极推动下一代通信网络在重点商圈的全覆盖，加速实现双千兆引领，全力打造国际通信枢纽。到 2021 年底，新增 5G 基站 6 000 个，新增 4 万个千兆固网用户。未来，希望可以实现对重点商圈和重点景区等区域 5G 网络商用示范应用全覆盖，为推动数字消费跨越发展奠定坚实基础。

在全市布局“2+15+N”算力中心体系，推动 4 000 PFlops 总规模的算力基础设施的打造，这一举措将为数字消费领域的技术研发创新和场景建设提供关键的共性支撑服务和强大的计算能力。

第二节　积极构建高层次的数字消费新场景

全力打造高端综合载体。积极推动数字化技术为传统购物中心和商业综合体的改造升级赋能，加速推进人工智能、人机交互、超高清视频等数字技术在消费领域的创新应用。在朝阳、海淀建设信息消费示范区。期望在全市布局建设 10 个以上国际标杆信息消费体验馆，确保每个区建设不少于 3 家特色型信息消费体验中心。全力构筑以新型数字消费高端综合载体为核心，集信息消费产品和服务展示推介以及体验交流于一体的数字消费特色集群。

加速体验式消费场景应用。优化布局无人零售、智慧零售等新零售技术与传统零售业的融合示范，重点在王府井、西单、国贸、三里屯等商圈试点建设"智慧商店""智慧街区""智慧商圈"。加快推动"河图"等重点项目建设，构筑"数字孪生城市"基础设施及服务能力，结合消费者所需的生活场景和体验，赋予其"科技 + 文化"内涵，与商圈、商户、商品深度融合，拓展创新应用的新业务和新场景，挖掘新消费潜力。计划完成对全市 52 个市级商圈及传统商业综合体的数字化赋能和智慧化升级，推动"AR 试穿""VR 购物"等沉浸式体验数字生活消费场景应用落地，逐步实现商圈核心业务在线化、运营管理数字化、消费场景智慧化，促进传统商圈向体验式、参与式、互动式转变。

推动多元化消费场景拓展。聚焦网络购物、本地生活服务、视频直播等领域，培育一批规范化且具有行业领导力的消费平台和直播电商企业。建设北京5G+8K直播生态，在各区落地不少于1个5G+8K应用示范展示场景。孵化一批北京网红品牌，树立北京消费国际品牌的传播营销代表形象。支持搭建面向中小企业的数字化服务平台和智慧流通服务平台，推进商超、便利店、餐饮等线下商业网点拓展数字化、规范化营销新渠道。实现消费渠道、流量、信息、数据的智能融合，通过预约服务、无接触消费体验等优化资源配置，扩大优势服务范围。力争到2025年，每个区在办公楼宇、住宅小区、旅游景区布局建设不少于20个智慧超市、智慧驿站、智慧书店，构建形成面向企业和个人的多元化新型消费服务场景。

构建链条式消费场景体系。持续推进数字经济和实体经济深度融合，应用5G、超高清、区块链、大数据、云计算、物联网、人工智能等现代信息技术，加速布局智能制造、反向定制、数字零售、社交电商、智能体育健身、远程诊疗、云旅游、云展览、5G+8K直播、云演出等数字经济新模式。充分发挥曲美“你+”智能家居新零售消费服务平台、小米“互联网+”未来智慧工厂等重点项目的引领作用，加快推进京东方生命科技产业基地项目建设。同时，积极拓展智慧家居、智慧养老等信息消费场景应用体系，加快形成北京示范品牌。紧密围绕消费者需求，串联供应链全流程，加快推动智慧停车、智能网联出行服务等新场景应用。在政策先行区内的商圈区域率先开展试运行及商业运营服务，推动生活服务消费数字化赋能。

第三节 丰富高品质的数字消费新供给

加大智能终端产品供给力度。擦亮“北京智造”品牌，大力支持智能网联汽车、移动智能终端、可穿戴设备、智能防控防疫、智能健身器械等新型产品的研发应用。发展超高清视频、虚拟现实等新型信息产品，全力打造世界创新数字消费产品的首发地。针对信息消费的新需求，加快推动“双千兆”网络、5G+8K、VR/AR 等新兴信息技术在消费领域的融合应用，不断开辟数字经济消费服务的新领域。力争到 2025 年，智能网联汽车（L2 级以上）市场渗透率达到 80%，并形成一批具有国际影响力的创新产品。

提升信息内容消费供给能力。促进新兴文化业态发展，积极推动国产精品原创游戏设计与制作的工业化、流程化发展，鼓励游戏引擎等核心技术的自主研发。加快推进海淀区中关村科学城数字文化产业园等精品游戏研发基地建设，利用人机交互、全息成像、虚拟现实等创新技术推出 10 款精品游戏。研究制定促进电子竞技产业健康发展的政策措施，加快培育云电竞、VR 电竞等新业态。积极推动石景山区电子竞技产业品牌中心等电竞平台项目建设，充分发挥网络游戏与电子竞技消费的聚合效应，优化提升电竞产业链生态。围绕大数据、人工智能、5G 超高清、下一代广播电视网等关键技术，培育发展新兴超高清融媒体视听业态。支持 8K 超高清内容制作，推动音视频大数据处理、全媒体智能播控、超高清视频制播等平台建设，丰富线上健身服务产品和超高清视频供给。

优化数字生活消费供给体系。大力推动互联网医疗监管平台和公共服务平台建设，构建协调联动、高效运转的互联网医疗体系。积极推动重点景区、开放街区和商业综合体等区域的数字化、智能化改造升级，面向消费者提供极致的沉浸式消费体验。

聚焦制造业数字化转型需求。面向重点产业、重点环节，建设 1—2 个具有国际领先水平的综合型工业互联网平台和 20 个具有全国影响力的专业型、特色型工业互联网平台，培育 5G+8K 文体直播新业态，促进数字经济和实体经济深度融合，打造“文化 + 科技”深度融合消费新地标。

第四节　优化高效能的数字消费新生态

加速新兴业态集聚发展。依托全球数字经济大会打造数字经济国际化协同创新与交流合作平台。举办数字经济体验周、北京信息消费节等活动，线上线下多渠道宣传北京数字经济产业特色。普及数字消费理念，促进数字技术与传统消费深度融合，提升企业产品与服务品牌，拓展数字消费市场。紧密围绕数字人民币北京冬奥会场景试点工作，推进数字人民币在本市交通出行、餐饮住宿、购物消费、旅游观光、医疗卫生、通信服务、票务娱乐七大类场景的应用推广，以创新便捷支付方式为传统商业赋能，加快培育形成数字消费产业新生态。

第五节　瞄准一流　培育数字消费标杆

积极鼓励数字消费领域的现有总部企业做大做强。同时支持企业加大关键核心技术的研发力度，立足自身优势，瞄准世界一流，取得更多颠覆性创新成果，发挥支撑和引领作用，发展成为一批处于全球领先地位的数字消费总部企业。目前，北京已经梳理了数字消费领域的重点项目和重点任务清单，进一步完善了重点服务企业的清单并实施精准化服务。

抓住北京证券交易所的机会，企业应做好专精特新“小巨人”的申报和服务，以提升中小企业直接融资能力，帮助企业做大做强。组织好国家级和北京市级“专精特新”企业及专精特新“小巨人”企业的申报，建立数字消费领先型、成长型、潜力型企业培育库。从联系服务、要素保障、财政补助等方面加大扶持力度，加大数字消费骨干企业上市培育力度，重点支持一批创新能力强、市场前景好、发展潜力大的企业，在多层次资本市场上市或挂牌。

第六节　大力提升贸易数字化水平

贸易流通环节一头连接生产，一头连接消费，在国民经济中具有基础性和先导性的作用。推动数字消费实现国际化高质量发展的发力点在于发展数字贸易，数字贸易不仅是培育建设国际消费中心城市的重要组成部分，更是北京市加快高水平对外开放的关键着力点。数字贸易和传统贸易的最大区别在于贸易方式数字化和贸易对象数字化。

突破数字贸易新技术。聚焦金融科技、人工智能、云服务等新一代信息技术的重点领域，大力支持前沿信息技术的研发和应用，稳步提升数字技术在贸易流通、物流配送、跨境电商等领域的关键支撑作用，创新流通发展方式，持续提升贸易双向流通体系中各环节的效率并降低成本。

创制数字贸易新规则。积极依托北京国际大数据交易所，搭建跨境数据交易平台，支持开展数据来源合规审查、数据资产定价、争议仲裁等业务。创新数据交易的规则、技术实现路径和商业模式，加快实现提供面向全球的数据价值发现、数据资产交易服务。

打造数字贸易新场景。加快推进数字服务消费、数字娱乐、数字影视、数字博物馆、数字文化等数字贸易场景应用，促进数字服务贸易产业化。同时，还将加快推进产业互联网的发展，促进数字技术和平台在制造、供应、物流、贸易、金融等环节的全链路融合应用，促进贸易要素的资源优化配置。

第七节　规范数字消费环境

鼓励各类社会投资主体积极投资数字产品研发，优化金融信贷供给。出台“前端放开、后端管住”的先行先试创新政策，进一步放宽市场准入。遵循“谁审批、谁监管，谁主管、谁监管”的原则，加强和规范事中事后有效监管。建立重点项目管家服务机制，做好项目落地全流程跟踪服务，大幅提升政务服务效率，优化数字经济领域营商环境。

围绕国家大数据建设战略，进一步推进数字政府建设和数字化社会信用体系的建设。利用大数据、区块链等先进技术，着力提升政务大数据建设的应用水平，并利用数字经济平台的信用信息补充和完善社会征信数据体系。

参考资料

［1］张夏恒．新一代人工智能技术（ChatGPT）可能引发的社会变革［J］．产业经济评论，2023（3）：22-30.

［2］郑冬芳，秦婷．数字资本驱动下新消费主义的政治经济学释析［J］．思想教育研究，2022（7）：86-93.

［3］曾玉兰，许文鑫，沈克印．数字经济驱动体育消费升级的内在机理、问题审视与推进策略［J］．西安体育学院学报，2023，40（2）：147-155.

［4］赵祺．中国—东盟数字经济合作的机遇与挑战［J］．学术探索，2022（7）：59-66.

［5］陈鹏，龙玥儿．数字消费异化：本质、影响及应对［J］．消费经济，2023，39（3）：14-25.

［6］马超．数字消费主义的逻辑生成及其批判性考察［J］．思想教育研究，2023（2）：76-82.

［7］冯伯豪，王晓红．数字农业助推乡村振兴的影响机制及政策建议［J］．西安财经大学学报，2024，37（1）：119-129.

［8］钱霖亮．电商经济中的差序格局：产业集聚、空间想象与数字消费不平等［J］．浙江学刊，2023（1）：106-116.

[9]曹明星.数字经济下的数据要素治理与数字税收改革：基于"信用价值集聚生产"创新经济理论的初步探讨[J].税务研究,2022(11)：36-42.

[10]张婷.数字资本驱动下消费主义的现实挑战及应对策略[J].思想教育研究，2022(11)：117-124.

[11]祝合良，郭凯歌，王春娟.基于消费者视角的数字化消费影响因素研究[J].商业研究，2023(1)：143-152.

[12]石洪景,陈梨芳.数字经济带动绿色消费发展的实现路径[J].生态经济，2023，39(5)：118-122.

[13]尹振涛，罗朝阳，汪勇.数字化背景下中国货币政策利率传导效率研究：来自数字消费信贷市场的微观证据[J].管理世界，2023，39(4)：33-48，99.

[14]赖立，谭培文.数字中国建设背景下数字消费的内涵、困境及发展路径[J].经济学家，2023(12)：95-103.

[15]蒋安玲.我国消费券发放的成效、问题及建议[J].宏观经济管理，2023(4)：31-38.

[16]茹慧超，邓峰.数字消费的经济增长效应：机制探索与中国经验：来自国家信息消费试点的准自然实验[J].中国流通经济，2023，37(11)：61-75.

[17]夏杰长，杨昊雯.数字消费金融激发农村内需潜力的内在逻辑与实施路径[J].东北财经大学学报，2023(3)：3-14.

[18]朱迪.我国消费倾向的新特点与提振策略[J].人民论坛，2023(2)：70-75.

［19］宋鹏．数字经济下我国居民消费结构优化策略研究［J］．商业经济，2022(10)：41-42，68.

［20］张润宇．社会信息加工微观视角下冰雪产业数字消费偏好的实证研究［J］．体育与科学，2022，43（4）：11-20.

［21］Da S F P，Jeronimo H M，Henriques P L，et al. Impact of digital burnout on the use of digital consumer platforms［J］. Technological Forecasting &Social Change，2024（5）：200.

［22］Matin A，Khoshtaria T，Mercan M，et al. Digital consumerbased branding among football clubs：determinants of brand loyalty and purchase intention towards green brand extensions offered through digital platforms［J］. International Journal of Technology Marketing，2023，17(4)：378-408.

［23］Ladegaard I. Cleansing Frames：How Digital 'Consumer Reports' of Cannabis and Psychedelics Normalise Drug-Taking and Neutralise its Counter-Cultural Potential［J］. Sociology，2024，58(1)：100-117.

［24］Zhu A X.Digital Ownership：The Case of E - Books［J］. Proceedings of the Association for Information Science and Technology，2023，60(1)：505-514.

［25］Saikia W, Bhattacharjee A. Digital consumer engagement in a social network: A literature review applying TCCM framework［J］. International Journal of Consumer Studies，2024，48(1)：e12981.

［26］Chandra V，Gaidhane A，Choudhari G S，et al.Digital

Dilemmas：A Comprehensive Review of the Psychosocial and Sleep Effects of Web Streaming on the Indian Youth.［J］. Cureus，2023，15（12）：e51096-e51096.

［27］Vrikki P，Lekakis E .Digital consumers and platform workers unite and fight？ The platformisation of consumer activism in the case of #cancel_efood in Greece［J］. Marketing Theory，2024，24（1）：173-190.

［28］Elsayed A F .Enhancing Brand Visual Identity for Addressing Digital Customers' Pain Points：A Structural Equation Modeling Approach［J］. Journal of Promotion Management，2024，30（2）：252-281.

［29］V. R K，Mina A S. Everyday activism：an AI-assisted netnography of a digital consumer movement［J］. Journal of Marketing Management，2024，40（3-4）：347-370.

［30］Dretsch J H，Kirmani A，Lundberg J. Designing Brand Cocreation Activities to Increase Digital Consumer Engagement［J］. Journal of Interactive Marketing，2024，59（2）：151-166.

［31］Tian Y，Chen D. From "Ascent" to "Alienation"：A Philosophical Examination of Digital Consumption through the Lens of Information Philosophy［J］. Computer Sciences & Mathematics Forum，2023，8（1）：81.

［32］Petkovski V，Mulic A. Impact of COVID-19 on Digital Consumer Behavior in the Western Balkans［J］. Proceedings，2023，85（1）：2.

［33］Kolavčić M .The Effects of Mobile Marketing on Purchasing

Decisions in Serbia［J］. Proceedings，2023，85（1）：2.

［34］Čikošev C T. Digitalization in the Industries of Fuels and Motor Oils［J］. Proceedings，2023，85（1）：3.

［35］Wouters F，Gruwez H，Smeets C，et al. PO-03-005 COMPARATIVE EVALUATION OF DIGITAL CONSUMER DEVICES FOR ATRIAL FIBRILLATION DETECTION：A VALIDATION STUDY［J］. Heart Rhythm，2024，21（5S）：S408.

［36］Fici A，Bilucaglia M，Casiraghi C，et al. From E-Commerce to the Metaverse：A Neuroscientific Analysis of Digital Consumer Behavior［J］. Behavioral Sciences，2024，14（7）：596.

［37］Duarte C，Messias I，Oliveira A. Technological Acceptance of E-Commerce by Generation Z in Portugal［J］. Information，2024，15（7）：383.

［38］Ezgi A. Digital consumerism in times of crisis：exploring the shift in online shopping behaviour［J］. British Food Journal，2024，126（9）：3441-3462.

［39］Abdul W，Nargis A，Muhammad F S，et al. Exploring the Impact of E-Marketing on Consumers' Online Cognitive and Affective Tendencies in Developing Nations：How to Win Over Digital Consumers in the Digital Era［J］. International Journal of Online Marketing（IJOM），2022，12（1）：1-14.

［40］李强，孟如 . 数字素养是乡村生活数字化转型的驱动力吗？：基于山东省 1037 位农村居民的调研数据［J］. 西北农林科技大学学报（

社会科学版），2024，24（2）：140-150.

［41］高帅印，侯方淼，成诗怡，等．数字化赋能林下经济发展的机理［J］．林业经济问题，2023，43（6）：615-625.

［42］王铁铮，冯奎．全面提升数字消费区域竞争力［J］．前线，2023（1）：67-69.

［43］吴江文，袁毅，陈正伟，等．数字出版对数字经济影响力的实证研究：以重庆市为例［J］．西南大学学报（ 自然科学版），2023，45（1）：92-109.

［44］刘开升．政府数字消费券的政策效应实证研究［J］．全国流通经济，2022（31）：114-117.

［45］商超余，姚曦．消费文化与广告业的双向耦合关系［J］．湖北社会科学，2022（12）：160-168.

［46］朱岩．2023 年中国数字经济发展的十个趋势［J］．上海质量，2023（2）：12-16.

［47］杨巨，彭浩．中国数字消费的区域普惠性及政治经济学解释［J］．消费经济，2022，38（3）：3-12.

［48］周朋程．数字消费场景下网购疏离感对顾客在线购物体验的影响［J］．时代经贸，2023，20（7）51-55.

［49］杜丹清．互联网技术对消费升级的影响研究［J］．中国物价，2017（9）：14-17.

［50］张峰，刘璐璐．数字经济时代对数字化消费的辩证思考［J］．经济纵横，2020（2）：45-54.

［51］韩文龙．数字经济中的消费新内涵与消费力培育［J］．福建

师范大学学报（哲学社会科学版），2020（5）：98-106，170.

[52] 马香品 . 数字经济时代的居民消费变革：趋势、特征、机理与模式 [J] . 财经科学：2020（1）：120-132.

[53] 马玥 . 数字经济对消费市场的影响：机制、表现、问题及对策 [J] 宏观经济研究，2021（5）：81-91.

[54] 孙伟平 . 论数字资本主义时代的消费异化 [J] . 马克思主义研究，2022（1）：71-80，164.

[55] 杨嵘均，顾佳圆 . 网络符号消费的社会心理与资本逻辑 [J] . 江苏社会科学，2022（4）：5-93，243.

[56] Aba J，Lynch J，Weitz B，et al. Interactive home shopping：consumer，retailer，and manufacturer incentives to participate in electronic marketplaces [J] . Journal of marketing，1997，61（3）：38-53.

[57] 吴德强 . 网络消费的发展及特征解析[J]. 商业时代，2008（16）：82-83.

[58] 吴满意，谢海蓉 . 论网络消费 [J] . 电子科技大学学报（社会科学版），2000（3）：21-23.

[59] 何明升，李一军 . 网络消费的数学模型与应用分析 [J] . 管理工程学报，2003（1）：10-12.

[60] 郑英隆 . 信息消费论纲 [J] . 上海社会科学院学术季刊，1994（2）：51-59.

[61] 陈建龙 . 论信息效用及其实现过程 [J] . 北京大学学报（哲学社会科学版），1996（3）：36-40.

[62] 贺修铭 . 信息消费概念的确立及其理论基础：兼论信息消费

学的建设［J］. 图书情报工作，1996（4）：45-51.

［63］卢小宾 . 信息消费动力及其行为分析［J］. 情报资料工作，2002(3)：13-15.

［64］矫立军 . 信息消费升级为经济发展蓄势［J］. 人民论坛，2020(29)：82-83.

［65］安星 . 融媒体时代图书出版机构融合发展路径探讨［J］. 名作欣赏，2023(21)：91-93.

［66］吴妍纯，沈一航 . 银发经济背景下老年人数字权益的现实困境及解决对策［J］. 环渤海经济瞭望，2023（10）：138-140.

［67］陈和，张志鹏，肖泽锴 . 我国消费者数字化转型：理论与实践［J］. 山东财经大学学报，2023，35(6)：85-97.

［68］曲富有 . 数字经济背景下“康养 + 数字”产业模式研究［J］. 产业创新研究，2023(11)：92-94.

［69］刘飞 . 数字经济推动经济高质量发展的三大瓶颈及破解对策［J］. 求知，2022(11)：53-55.

［70］匡贤明 . 以消费结构升级推动经济高质量发展［J］. 改革与战略，2022，38(6)：38-51.

［71］李业明 . 数字技术助力乡村振兴的学理逻辑与实践策略［J］. 农业经济，2023(12)：40-42.

［72］康璇 . 新时代非遗数字化发展路径探析［J］. 西部学刊，2023（23）：173-176.

［73］贺俊，庞尧 . 数字消费驱动产业升级：理论机理、现实障碍和推进路径［J］. 技术经济，2023，42(12)：28-34.

［74］赵友华，赵一飞．数字平台经济驱动消费潜力释放：表征、机理与进路：基于消费者视角的分析［J］．新经济，2024(1)：18-32.

［75］毛中根，贾宇云．把握数字消费高质量发展的着力点［J］．东北财经大学学报，2024(2)：3-13.

［76］申俊喜，谢嘉欢．数字消费对战略性新兴产业全要素生产率的影响：以新一代信息技术产业为例［J］．广西师范大学学报(哲学社会科学版)，2024，60(2)：127-145.

［77］卜颖辉．数媒时代文化符号叙事消费研究：以“玲娜贝儿”IP叙事消费为例［J］．黑河学院学报，2023，14(12)：47-49.

［78］孙冰．新场景、新趋势、新业态数字消费“大变身”［J］．中国经济周刊，2024（1)：21-23.

［79］陈诗钰，陈丽莉．数字消费研究现状、热点及其演进趋势：基于 CiteSpace 的可视化分析［J］．中国集体经济，2024（2)：29-33.

［80］胡世良．我国数字化消费主要特征及对电信运营商转型升级的建议［J］．通信世界，2024(1)：34-36.

［81］吴国林，李雅丹．数字帝国主义消费殖民化的政治经济学批判［J］．政治经济学研究，2023(4)：62-73.

［82］钟洲，蔡跃洲．数字消费补贴与公平竞争政策［J］．广东社会科学，2024（1)：27-36.

［83］韩鹏飞．数字首都连通未来：北京数字经济产业高质量发展的探索和实践［J］．中国经贸导刊，2024(1)：41-44.

［84］《天津商业大学学报》2024 年重点选题方向［J］．天津商业大学学报，2024，44(1)：73.

［85］郭金花，贾月琴，曹翠珍．组态视角下数字经济发展影响区域绿色创新的驱动模式研究［J］．运筹与管理，2023，32（12）：208-213.

［86］田若男，沙航宇，普文丽，等．数字消费新模式下预制菜产业发展研究［J］．现代工业经济和信息化，2024，14（1）：61-62.

［87］茹慧超，邓峰．数字消费与绿色创新驱动：增量与提质能否兼得？［J］．南京财经大学学报，2024（1）：100-110.

［88］欧阳日辉．数字基础设施促进电子商务创新发展的机理与路径［J］．广西社会科学，2024（1）：1-11.

［89］黎灿垚，韦伟，刘晓丽，等．基于用户分群的数字社区消费者多模态特征分析与服务效能提升研究［J］．农业图书情报学报，2023，35（2）：30-44.

［90］谌飞龙，毛梦莹，张卫俊．建设全国消费中心城市的路径研究：以江西省南昌市为例［J］．南昌航空大学学报（社会科学版），2023，25（1）：97-102，124.

［91］Minghua W，Horiya A. Multiple Effects Analysis of Hangzhou Issuing Digital Consumer Coupons Based on Simultaneous Equations of CDM Model［J］. Applied Mathematics and Nonlinear Sciences，2022，8（1）：1761-1768.

［92］Natalia R，Shashi M. The role of identity in digital consumer behavior：A conceptual model and research propositions based on gender［J］. AMS Review，2022，13（1-2）：55-70.

［93］Samuel J B，Samuel C，Baptiste J G . Listening to music

videos on YouTube. Digital consumption practices and the environmental impact of streaming [J] . Journal of Consumer Culture，2023，23 (3)：654-671.

[94] Bryan B，Fiona L ，Fiachra ó . Understanding the Potential of Home-Based Digital Voice Assistants for People with Disabilities. [J] . Studies in health technology and informatics，2023 (306)：241-248.

[95] Roberta D，Matthew A . Hybrid consumer activism in Fairtrade Towns：exploring digital consumer activism through spatiality [J] . Consumption Markets & Culture，2023，26 (4)：280-297.

[96] Myounggu L，Hye-Jin K. A collaborative filtering model incorporating media promotions and users' variety-seeking tendencies in the digital music market [J] . Decision Support Systems，2023，174 (11)：1.

[97] Dongfa F，Yan S，Xuanli X，et al. Digital economy and carbon emission reduction：evidence from China [J] .China Economic Journal，2023，16 (3)：272-301.

[98] Renan W P，Andre J L L. The Paralympics on YouTube：Alternative content creation and the digital consumption of the Paralympics [J] .International Review for the Sociology of Sport，2023，58 (7)：1154-1173.

[99] Deenal S P ，Malavika A A .Digital consumer behaviour：lnsights into the perceptions of late adolescents' consumption of digital media on cognitive health. [J] . International Journal of Adolescent Medicine and Health，2023，35 (5)：383-393.

［100］Najmeh H，Neil P .Digital consumers and the new ‘search’ practices of born digital organisations［J/OL］. Information and Organization，2023，33（4），23.

［101］Osei R M，Pius M，Daniel O .Experiences and perceptions of cybercrime victims in Ghana：The perspective of digital consumers of agricultural produce［J］. Cogent Education，2023，10（2）：1-18.

［102］周绍东，李靖，武天森．马克思主义批判视阈下的社会主义数字文化研究［J］. 社会科学战线，2024（2）：96-109.

［103］张磊，梁培毅，黎镇鹏，等．数字经济驱动体育服务业数字化转型：逻辑、困境与路径［J］. 广州体育学院学报，2023，43（6）：34-43.

［104］方福前，夏杰长，杨汝岱，等．扩大国内需求与形成消费和投资相互促进的良性循环［J］. 消费经济，2024，40（2）：3-11.

［105］袁芳，孟庆媛．数字消费主义对饭圈青年的抽象统治及其克服路径［J］. 思想教育研究，2023（6）：77-82.

［106］谭静，刘文钦．数字消费异化批判：表象形式、发生缘由及解蔽路径［J］. 江苏大学学报（社会科学版），2023，25（5）：99-112.

［107］黄征学，潘彪，李沛霖．国际消费中心城市建设的主要做法及启示［J］. 老区建设，2022（13）：35-40.

［108］罗兰．国漫文化的表意实践、发展逻辑与正向建构［J］. 电视研究，2022（7）：74-77.

［109］曾燕，康俊卿，王一君．消费券政策可以有效刺激消费吗？：

对消费券政策精准补贴与自筛选特征的微观机制理论分析［J］. 计量经济学报，2022，2(3)：548-577.

［110］张楠. "Z世代"：引领数字消费新风尚［J］. 中国商界，2022(10)：188-189.

［111］李梁栋，刘璇. 数字时代中国式现代化的消费之维：理论内涵、发展困境和应对措施［J］. 当代经济管理，2024，46(1)：10-20.

［112］田昕加，章刘成. 数字经济赋能乡村产业高质量发展：内在机理与实现路径［J］. 学习与探索，2024(3)：104-109.

［113］谢宝剑，肖慧珍. 粤港澳大湾区数字消费市场分析与前瞻［J］. 新经济，2023(1)：35-42.

［114］陈和，卢慧飞. 我国消费数字化转型的现状、问题及对策建议［J］. 探求，2023(1)：90-97，105.

［115］郭馨梅，吴欣芮. 流通产业助力数字消费能级提升的内在机制研究［J］. 价格理论与实践，2022(12)：24-27，158.

［116］旷琦，童本勤. 基于数字媒介技术的颐和路历史文化街区展示利用策略研究［J］. 建筑与文化，2023(1)：118-120.

［117］赖立，谭培文. 数字资本主义时代下数字消费内蕴矛盾及其消解路径［J］. 当代经济研究，2023(11)：28-36.

［118］马淑萍，吕富生. 健全我国数字经济下的消费者权益保护制度［J］. 重庆理工大学学报(社会科学)，2022，36(7)：1-7.

［119］李国健. 数字化时代下的新消费主义批判：存在形态、生成机制及应对策略［J］. 中南大学学报(社会科学版)，2024，30(4)：158-165.

［120］于泽人，陈少铭，龚梦颖，等．基于 AISAS 模型的大学生数字消费异化影响机制分析［J］．市场瞭望，2024（11）：55-57.

［121］邹永红，李红亮．数字资本场域下的数字消费主义：出场、表征与祛魅［J］．学习与探索，2024（7）：127-133.

［122］我国网购用户规模超 9 亿人［J］．市场瞭望，2024（12）：11.

［123］卢育娟．消费主义视域下网络直播存在的问题及治理路径研究［J］．新闻爱好者，2024（8）：49-51.

［124］周琼．河南省数字消费的发展形势、挑战及提升策略研究［J］．河南财经学刊，2024，38（3）：68-77.

［125］李峥荣．环鄱阳湖城市群县域数字乡村空间分异及障碍因子识别［J］．安徽农业科学，2024，52（15）：236-239，244.

［126］张雪征．科技"加数"，赋能"浙"里消费场景创新［J］．信息化建设，2024（6）：13-14.

［127］李胜红．数字经济时代体育产业数字化转型研究［J］．当代体育科技，2024，14（21）：86-89.

［128］李洁，杨佳乐，张泽萍．面向数字原住民的数字消费发展对策［J］．中国商论，2023（23）：66-69.

［129］李斐．数字经济背景下消费者权益保的理论逻辑与实现路径［J］．企业改革与管理，2023（22）：3-5.

［130］寇纲，赵琳，杜鹏．数字消费市场政策设计中的关键行为问题［J］．中国科学基金，2023，37（6）：905-911.

附录 1　数字消费覆盖范围目录

<table>
<tr><td colspan="2">数字经济代码及名称</td><td colspan="2">国民经济行业代码及名称</td></tr>
<tr><td colspan="4">一、数字产品制造业所属行业代码</td></tr>
<tr><td rowspan="4">101：计算机制造</td><td>10101：计算机整机制造</td><td rowspan="4">391：计算机制造</td><td>3911：计算机整机制造</td></tr>
<tr><td>10102：计算机零部件制造</td><td>3912：计算机零部件制造</td></tr>
<tr><td>10103：计算机外围设备制造</td><td>3913：计算机外围设备制造</td></tr>
<tr><td>10106：其他计算机制造</td><td>3919：其他计算机制造</td></tr>
<tr><td>102：通讯及雷</td><td>10202：通信终端设备制造</td><td>392：通信设备制</td><td>3922：通信终端设备制造</td></tr>
<tr><td rowspan="3">103：数字媒体设备制造</td><td>10306：电视机制造</td><td rowspan="3">395：非专业视听设备制造</td><td>3951：电视机制造</td></tr>
<tr><td>10307：音响设备制造</td><td>3952：音响设备制造</td></tr>
<tr><td>10308：影视录放设备制造</td><td>3953：影视录放设备制造</td></tr>
</table>

（续表）

104：智能设备制造	10404：可穿戴智能设备制造	396：智能消费设备制造	3961：可穿戴智能设备制造
	10405：智能车载设备制造		3962：智能车载设备制造
	10406：智能无人飞行器制造		3963：智能无人飞行器制造
	10407：服务消费机器人制造		3964：服务消费机器人制造
	10408：其他智能消费设备制造		3969：其他智能消费设备制造
105：电子元器	10515：电声器件及零件制造	398：电子元件及电子专用材料制造	3984：电声器件及零件制造
二、数字产品服务业所属行业代码			
202：数字产品零售	20201：计算机、软件及辅助设备零售	527：家用电器及电子产品专门零售	5273：计算机、软件及辅助设备零售
	20202：通信设备零售		5274：通信设备零售
	20203：音像制品、电子和数字出版物零售	524：文化、体育	5244：音像制品、电子和数字出版物零售
203：数字产品租赁	20301：计算机及通信设备经营租赁	711：机械设备经营租赁	7114：计算机及通信设备经营租赁

（续表）

	20302：音像制品出租	712：文体设备和用品出租	7125：音像制品出租
204：数字产品维修	20401：计算机和辅助设备修理	812：计算机和办公设备维修	8121：计算机和辅助设备修理
	20402：通信设备修理		8122：通信设备修理
205：其他	20500：其他数字产品服务业		
三、数字技术应用服务业所属行业代码			
302：电信、广播电视和卫星传输服务	30201：电信	631：电信	6311：固定电信服务
			6312：移动电信服务
			6319：其他电信服务
	30202：广播电视传输服务	632：广播电视传输服务	6321：有线广播电视传输服务
			6322：无线广播电视传输服务
	30203：卫星传输服务	633：卫星传输服务	6331：广播电视卫星传输服务
			6339：其他卫星传输服务

（续表）

303：互联网相关服务	30301：互联网接入及相关服务	641：互联网接入及相关服务	6410：互联网接入及相关服务
	30302：互联网搜索服务	642：互联网信息服务	6421：互联网搜索服务
	30303：互联网游戏服务		6422：互联网游戏服务
	30304：互联网资讯服务	861：新闻业	8610*：新闻业
		642：互联网信息服务	6429*：互联网其他信息服务
	30307：其他互联网相关服务	649：其他互联网服务	6490：其他互联网服务
304：信息技术服务	30408：动漫、游戏及其他数字内容服务	657：数字内容服务	6572：动漫、游戏数字内容服务
			6579：其他数字内容服务
305：其他数字技术应用业	30501：三维（3D）打印技术推广服务	751：技术推广服务	7517：三维（3D）打印技术推广服务
	30502：其他未列明数字技术应用		
四、数字内容服务业所属行业代码			
401：互联网平台	40102：互联网生活服务平台	643：互联网平台	6432：互联网生活服务平台

（续表）

	40105：其他互联网平台		6439：其他互联网平台
402：互联网批发零售	40202：互联网零售	529：货摊、无店铺	5292：互联网零售
403：互联网金融	40301：网络借贷服务	663：非货币银行服务	6637：网络借贷服务
	40302：非金融机构支付服务	693：非金融机构支付服务	6930：非金融机构支付服务
	40303：金融信息服务	694：金融信息服务	6940：金融信息服务
404：数字内容与媒体	40401：广播	871：广播	8710：广播
	40402：电视	872：电视	8720：电视
	40403：影视节目制作	873：影视节目制作	8730：影视节目制作
	40404：广播电视集成播控	874：广播电视集成播控	8740：广播电视集成播控
	40405：电影和广播电视节目发行	875：电影和广播电视节目发行	8750：电影和广播电视节目发行
	40406：电影放映	876：电影放映	8760：电影放映
	40407：录音制作	877：录音制作	8770：录音制作
	40408：数字内容出版	862：出版业	8624：音像制品出版

（续表）

			8625：电子出版物出版
			8626：数字出版
	40409：数字广告	725：广告业	7251：互联网广告服务
五、数字化效率提升服务业所属行业代码			
503：智能交通	50302：智能道路运输	54：道路运输业	54*：道路运输业
504：智慧物流	50402：智慧配送	60：邮政业	60*：邮政业
505：数字金融	50501：银行金融服务	66：货币金融服务	66*：货币金融服务
	50503：互联网保险	68：保险业	68*：保险业
	50504：其他数字金融	69：其他金融业	69*：其他金融业
506：数字商贸	50602：数字化零售	52：零售业	52*：零售业
	50603：数字化住宿	61：住宿业	61*：住宿业
	50604：数字化餐饮	62：餐饮业	62*：餐饮业
	50605：数字化租赁	71：租赁业	71*：租赁业

（续表）

	50606：数字化商务服务	72：商务服务业	72*：商务服务业
507：数字社会	50701：智慧教育	83：教育	83*：教育
	50702：智慧医疗	84：卫生	84*：卫生
509：其他数字化效率提升业	50904：互联网房地产业	K：房地产业	K*：房地产业
	50907：互联网居民生活服务	O：居民服务、修理和其他服务业	O*：居民服务、修理和其他服务业
	50908：互联网文体娱乐业	86：新闻和出版业	86*：新闻和出版业
		88：文化艺术业	88*：文化艺术业
		89：体育	89*：体育
		90：娱乐业	90*：娱乐业

附录 2　数字消费相关政策及文件

文号 / 发布时间	文件名称	内容提要或相关内容
国发〔2017〕40号 / 2017 年 8 月	国务院关于进一步扩大和升级信息消费持续释放内需潜力的指导意见	优化信息消费环境，进一步加大网络提速降费力度，加速激发市场活力，积极拓展信息消费新产品、新业态、新模式，扩大信息消费覆盖面，加强和改进监管，完善网络安全保障体系，打造信息消费升级版，不断释放人民群众日益增长的消费需求，促进经济社会持续健康发展
广电发〔2019〕74 号 / 2019 年 8 月 19 日	关于推动广播电视和网络视听产业高质量发展的意见	广电 5G 网络和智慧广电建设取得重要成果，高新技术深度融合应用，网络综合承载能力和智能化水平显著提升，不断满足政用、民用、商用多样性多层次的视听需求和信息需求
京石宣发〔2019〕32 号 / 2019 年 9 月 9 日	石景山区促进以数字创意为主的文化及相关产业发展暂行办法	重点支持以数字创意为主的文化及相关产业，支持动漫游戏、创意设计、广播影视、媒体融合、文化娱乐、优秀传统文化、出版发行等文化及相关产业，以及文化及相关产业与金融、科技、体育、旅游等产业融合发展的项目

（续表）

文号 / 发布时间	文件名称	内容提要或相关内容
2019 年 11 月	海淀区关于支持数字文化产业发展的若干措施（电竞产业篇）	以电竞产业为重点，从推动游戏研发和内容创作、集聚游戏企业及电竞俱乐部、支持电竞场馆建设和赛事举办、支持开展游戏电竞交流活动、强化人才支撑、优化营商环境等六个方面，给予多项政策支持
京文建发〔2019〕12 号 / 2019 年 12 月 24 日	北京市推进全国文化中心建设领导小组关于印发《关于推动北京游戏产业健康发展的若干意见》的通知	围绕建成“国际网络游戏之都”总目标，以内容建设、技术创新、社会应用、理论研究、品牌培育为抓手，在北京建设全球领先的精品游戏研发中心、网络新技术应用中心、游戏社会应用推进中心、游戏理论研究中心、电子竞技产业品牌中心。通过体制机制创新，充分激发市场活力，推出一批双效俱佳的原创游戏精品，培育一批具有行业引领力的龙头企业，吸引一批国际国内知名的创意人才和优秀原创游戏团队扎根北京，建设一批在内容研发、发行推广、科技应用、消费体验、电子竞技等方面具有明显优势的主题园区，形成布局科学合理，引领力、竞争力、影响力、创新力显著增强，文化氛围健康向上的游戏产业发展新格局。力争到 2025 年，全市游戏产业年产值突破 1500 亿元
2020 年 6 月 9 日	关于加快培育壮大新业态新模式促进北京经济高质量发展的若干意见	抓住算力、数据、普惠 AI 等数字经济关键生产要素，瞄准“建设、应用、安全、标准”四大主线谋划推进，力争到 2022 年底基本建成网络基础稳固、数据智能融合、产业生态完善、平台创新活跃、应用智慧丰富、安全可信可控的新型基础设施

（续表）

文号 / 发布时间	文件名称	内容提要或相关内容
2020 年 6 月 10 日	北京市加快新场景建设培育数字经济新生态行动方案	以数字化赋能经济发展和培育优化新经济生态为主线，以场景驱动数字经济技术创新、场景创新与新型基础设施建设深度融合为引领，聚焦人工智能、5G、物联网、大数据、区块链、生命科学、新材料等领域新技术应用，为推动企业特别是中小企业技术创新应用提供更多“高含金量”场景条件，积极推广新业态新模式，加快培育新的经济增长点，更好推动北京经济高质量发展
2020 年 6 月 10 日	北京市加快新型基础设施建设行动方案（2020-2022 年）	聚焦“新网络、新要素、新生态、新平台、新应用、新安全”六大方向，到 2022 年，本市基本建成具备网络基础稳固、数据智能融合、产业生态完善、平台创新活跃、应用智慧丰富、安全可信可控等特征，具有国际领先水平的新型基础设施，对提高城市科技创新活力、经济发展质量、公共服务水平、社会治理能力形成强有力支撑
2020 年 6 月 10 日	北京市促进新消费引领品质新生活行动方案	培育壮大“互联网 +”消费新模式。搭建对接平台，推动实体商业与电商、新媒体等合作，推广社交营销、直播卖货、云逛街等新模式。引导线上企业与街道、社区等合作，推广前置仓、移动“菜篮子”等新模式。利用专项资金，支持培育一批门店宅配、“前置仓 + 提货站”、“安心达”、无接触配送等示范项目。推动将定点医疗机构的互联网复诊服务费用纳入医

（续表）

文号 / 发布时间	文件名称	内容提要或相关内容
		保支付范围，实现“互联网复诊 + 处方在线流转 + 医保自动结算 + 药品配送到家”一站式服务。优化在线教育机构备案审查工作，支持优质校外线上培训机构参与本市中小学线上课程建设，办好“空中课堂”。开启数字化新生活。实施 4K 进社区工程，推进 30 万户以上 4K 超高清机顶盒进社区，为居民更新超高清电视机提供技术支撑。在重点商业街区布局 8K 显示系统，试点 8K 超高清演出、赛事直播等应用。示范推广典型个案，鼓励文旅体行业创新发展云旅游、云演出、云阅读、在线远程体育健身等线上营销新形态。加快国产原创属地精品游戏审核。拓展线上展览促消费。支持线上线下融合办展，依托北京线上展会发展联盟，为展会项目线上举办提供免费技术支持、产品推广及分销服务。支持举办国际汽车制造业博览会、餐饮采购展览会、礼品及家居用品展览会、国际健康产业博览会、“动漫北京”动漫游戏产业线上交易会等线上品牌展会。组织开展绿色食品、老字号、汽车、智能终端产品线上展卖促销活动
2020 年 6 月	石景山区促进游戏产业发展实施办法	每年将设立专项资金共计 6000 万元，从引进企业、精品游戏研发、产业空间拓展、吸引人才、电子竞技五个方面促进该区游戏产业集聚

（续表）

文号 / 发布时间	文件名称	内容提要或相关内容
中国共产党第十九届中央委员会第五次全体会议通过 2020 年 11 月	中共中央关于制定国民经济和社会发展第十四个五年规划和二〇三五年远景目标的建议	加快数字化发展。发展数字经济，推进数字产业化和产业数字化，推动数字经济和实体经济深度融合，打造具有国际竞争力的数字产业集群。加强数字社会、数字政府建设，提升公共服务、社会治理等数字化智能化水平。建立数据资源产权、交易流通、跨境传输和安全保护等基础制度和标准规范，推动数据资源开发利用。扩大基础公共信息数据有序开放，建设国家数据统一共享开放平台。保障国家数据安全，加强个人信息保护。提升全民数字技能，实现信息服务全覆盖。积极参与数字领域国际规则和标准制定。全面促进消费。增强消费对经济发展的基础性作用，顺应消费升级趋势，提升传统消费，培育新型消费，适当增加公共消费。以质量品牌为重点，促进消费向绿色、健康、安全发展，鼓励消费新模式新业态发展。推动汽车等消费品由购买管理向使用管理转变，促进住房消费健康发展。健全现代流通体系，发展无接触交易服务，降低企业流通成本，促进线上线下消费融合发展，开拓城乡消费市场。发展服务消费，放宽服务消费领域市场准入。完善节假日制度，落实带薪休假制度，扩大节假日消费。培育国际消费中心城市。改善消费环境，强化消费者权益保护

（续表）

文号 / 发布时间	文件名称	内容提要或相关内容
文旅产业发〔2020〕78 号 / 2020 年 11 月 18 日	文化和旅游部关于推动数字文化产业高质量发展的意见	数字文化产业规模持续壮大，产业结构不断优化，供给质量不断提升，成为激发消费潜力的新引擎。产业基础设施更加完备，支撑平台更加成熟，创新创业更加活跃，市场秩序更加有序，治理能力不断提升，创造更多新就业形态和新就业岗位，形成适应新技术新业态新消费发展、产业链上下游和跨行业融合的数字化生产、流通、消费生态体系。文化产业和数字经济融合发展迈向新阶段，数字化、网络化、智能化发展水平明显提高，形成新动能主导产业发展的新格局，数字文化产业发展处于国际领先地位。到 2025 年，培育 20 家社会效益和经济效益突出、创新能力强、具有国际影响力的领军企业，各具特色、活力强劲的中小微企业持续涌现，打造五个具有区域影响力、引领数字文化产业发展的产业集群，建设 200 个具有示范带动作用的数字文化产业项目
工信厅联通信函〔2021〕220 号 / 2021 年 9 月 3 日	工业和信息化部办公厅国家卫生健康委员会办公厅关于组织开展 5G+ 医疗健康应用试点项目申报工作的通知	充分发挥 5G 技术的特点优势，着眼丰富 5G 技术在医疗健康行业的应用场景，征集并遴选一批骨干单位协同攻关、揭榜挂帅，重点形成一批技术先进、性能优越、效果明显的 5G+ 医疗健康标志性应用，为 5G+ 医疗健康创新发展树立标杆和方向，培育我国 5G 智慧医疗健康创新发展的主力军

（续表）

文号 / 发布时间	文件名称	内容提要或相关内容
2020 年 12 月 1 日	北京经济技术开发区视听产业政策	鼓励企业落地；鼓励创新研发和内容创作；支持人才发展；提供金融服务；支持应用场景建设；支持开展产业活动；支持公共服务平台建设；鼓励产业联动；营造优质产业环境
2020 年 12 月 1 日	北京经济技术开发区游戏产业政策	鼓励企业落地及成长壮大；鼓励创新研发和内容创作；支持人才成长发展；提供金融服务；支持公共服务平台建设；鼓励产业联动；支持电竞场馆建设；支持电竞俱乐部落地发展；支持赛事活动落地，每个活动补贴金额不超过 500 万元
北京市第十五届人民代表大会第四次会议通过 2021 年 1 月 27 日	北京市国民经济和社会发展第十四个五年规划和二〇三五年远景目标纲要的决议	实施促进数字经济创新发展行动纲要，加紧布局 5G、大数据平台、车联网等新型基础设施，推进应用场景“十百千工程”建设，打造具有国际竞争力的数字产业集群，建设全球数字经济标杆城市。坚持智能制造、高端制造方向，大力发展集成电路、新能源智能汽车、医药健康、新材料等战略性新兴产业，前瞻布局量子信息、人工智能、工业互联网、卫星互联网、机器人等未来产业，打造“北京智造”品牌。用科技为服务业注入新活力，推动生产性服务业向专业化和价值链高端延伸，推动生活性服务业向高品质和多样化升级，不断提高“北京服务”竞争力。以供给侧结构性改革引领和创造新需求，推动消费向体验化、品质化和数字化方向提档升级，建设国际消费中心城市

（续表）

文号 / 发布时间	文件名称	内容提要或相关内容
京经信发〔2021〕6 号 / 2021 年 1 月 13 日	北京市支持卫星网络产业发展的若干措施	“十四五”末，构建具有引领性的卫星网络星座和运营平台，形成卫星网络标准体系，拓展一批卫星网络重大应用场景，打造覆盖火箭、卫星、地面终端、运营服务及核心软硬件、系统运控的卫星网络全产业链，培育北斗创新及融合应用的产业生态，支撑“十四五”北京经济高质量发展
2021 年 2 月	智慧旅游景区基本要求及等级评定征求意见稿	利用最新一代信息技术，对景区地理事物、自然资源、旅游者行为、景区工作人员行迹、景区基础设施和服务设施进行全面、透彻、及时的感知，对游客、景区工作人员实现可视化管理；同旅游产业上下游企业形成战略联盟；实现景区环境、社会和经济的全面、协调和可持续发展
2021 年 3 月 11 日	关于促进中国（北京）自由贸易试验区科技创新片区海淀组团产业发展的若干支持政策	根据游戏和电竞企业创新性和投资金额，最多给予 1000 万元补贴。经国家批准且正式运营、达到一定影响力的原创游戏软件，按照不高于开发投资额的 30% 给予资助，最高 500 万元。影响力大或被选为重大电竞赛事的游戏，最高 1000 万元。国内外影响力巨大的龙头游戏企业、俱乐部、赛事直播公司、赛事运营公司落户，可采取“一事一议”的方式配套落户措施；入驻中关村科学城数字文化产业园的，给予办公用房补贴。在重要赛事中取得优异

（续表）

文号 / 发布时间	文件名称	内容提要或相关内容
		成绩的俱乐部，最高奖励 200 万元。举办注册登记的电竞赛事，设立绿色审批通道，按照不超过赛事经费的 30% 给予奖励，最高 500 万元。参与制订电竞场馆建设、运营服务、直转播等规范及电竞赛事体系标准的企业和机构，参照《关于支持中关村科学城标准创新发展的措施（试行）》对制订单位给予最高 300 万元支持。创新主体举办展览、论坛、发布等行业交流活动，按照不超过实际投入的 50% 比例给予补助，最高不超过 300 万元
文旅科教发〔2021〕39 号 / 2021 年 4 月 26 日	“十四五”文化和旅游科技创新规划	围绕文化强国建设目标任务，以科技创新引领和支撑文化和旅游发展，提高文化和旅游生产要素水平，推动文化和旅游更好融入新发展格局，实现高质量发展
2021 年 4 月 27 日	北京市数据中心统筹发展实施方案（2021—2023 年）	到 2023 年，将我市培育成为人工智能算力枢纽、先进节能技术应用高地，建设一批高性能计算设施。保持数据中心规模增长与我市经济发展及区域经济增速相匹配。建立优势互补的京津冀数据中心聚集区，为京津冀地区数字经济产业协同发展提供有力支撑
工信部联通信〔2021〕77 号 / 2021 年 7 月 13 日	5G 应用“扬帆”行动计划（2021 年—2023 年）	到 2023 年，我国 5G 应用发展水平显著提升，综合实力持续增强。打造 IT（信息技术）、CT（通信技术）、OT（运营技术）深度融合新生态，实现重点领域 5G 应用

（续表）

文号 / 发布时间	文件名称	内容提要或相关内容
		深度和广度双突破，构建技术产业和标准体系双支柱，网络、平台、安全等基础能力进一步提升，5G 应用“扬帆远航”的局面逐步形成
2021 年 9 月 30 日	北京市“十四五”时期教育改革和发展规划（2021—2025 年）	数字教育推进更加深入。科技为教育注入新活力，教育服务向体验化、品质化和数字化方向提档升级。形成泛在开放的学习环境，提供丰富多元的数字教育资源，构建处处能学、时时可学的智能化平台，满足不同学生个性化学习需求。智慧校园覆盖率达到 85% 以上
2021 年 7 月 30 日	北京市关于加快建设全球数字经济标杆城市的实施方案	通过 5 至 10 年的接续努力，打造引领全球数字经济发展的“六个高地”。建成一批示范引领性强的数据原生基础设施，数字化场景得到充分应用，成为城市数字智能转型示范高地。建设全球领先的超大规模数据平台，实现数据资产化，集聚三成以上全球市值前一百名的数字经济标杆企业，成为国际数据要素配置枢纽高地。培育新一代数字化出行、新型数字化健康服务、智能制造、数据支撑的研发和知识生产、数字金融、数字能源服务等新兴产业集群，成为新兴数字产业孵化引领高地。聚焦突破高端芯片、基础软硬件、开发平台、基本算法、量子科技、脑机科学等“卡脖子”和前沿核心技术，推出一批世界一流的首创技术、首制产品，成为全球数字

（续表）

文号 / 发布时间	文件名称	内容提要或相关内容
		技术创新策源高地。建成超大城市数字化治理体系，城市治理能力现代化水平显著提升，成为数字治理中国方案服务高地。对外数字贸易、跨境数据流动、数字领域基础共性标准制定取得突破性进展，成为数字经济对外合作开放高地
京发改规〔2021〕4 号 / 2021 年 7 月 22 日	关于印发进一步加强数据中心项目节能审查若干规定的通知	为进一步完善本市数据中心项目节能审查工作，从源头上规范引导数据中心实现高质量发展，持续提高能效碳效水平，强化全生命周期节能管理，促进全市碳减排碳中和
2021 年 11 月 9 日	北京市广播电视局关于推动广播电视和网络视听高质量发展的意见	智慧广电创新应用体系基本构建，智慧广电成为打造智慧城市的重要支撑。广电重点实验室研究集群基本形成，科技赋能产业发展成效更加凸显，北京成为 5G+8K 产业聚集高地。广播电视和网络视听公共服务体系更加完善，公共服务逐步实现标准化、均等化、数字化、优质化和品牌化
国发〔2021〕15 号 / 2021 年 11 月 26 日	国务院关于支持北京城市副中心高质量发展的意见	发展消费新业态新模式。推动线上线下消费有机融合，发展数字文化、直播经济、在线医疗、智慧旅游、智能体育等新型消费，加强消费产品和服务标准体系建设。建设国际科技消费展示平台，打造全球科技新品首发地。创新模式建设高端商业综合体，打造地标性商业街区和多层次差异化区域商圈